正向改变

我们是心智成长优质资源的提供者，积极心态和行动的场域创建者。

正向改变微信平台

获取心智成长更多资源
不仅知道，而且做到！

Nonviolent communication

[美] 马歇尔·卢森堡

阮胤华译

非暴力沟通

目录

001 译序
004 前言

001 第一章 让爱融入生活

也许我们并不认为自己的谈话方式是"暴力"的,但我们的语言确实常常引发自己和他人的痛苦。后来,我发现了一种沟通方式,依照它来谈话和聆听,能使我们情意相通,乐于互助。我称之为"非暴力沟通"。

015 第二章 是什么蒙蔽了爱?

我从小就学着以貌似客观的语言表达自己。如果老师布置的作业我不想做,那他就"太过分了"。如果有人开车横冲到我前面,那他就是"混蛋"。如果女友想多一些体贴,那她就"太粘人了"。可是,如果我想多一些体贴,那她"冷漠得像个木头"。如果同事更关心细节,他就是"有强迫症"。反之,如果我更在乎细节,他就是"粗心大意"。

025 第三章 区分观察和评论

我从未见过愚蠢的孩子/我见过有个孩子有时做的事/我不理解/或不按我的吩咐做事情/但他不是愚蠢的孩子/请在你说他愚蠢之前/想一想,他是个愚蠢的孩子,还是/他懂的事情与你不一样?

目录

037　第四章　体会和表达感受

我在美国学校学了 21 年,却想不起有什么人问过我的感受。人们认为感受是无关紧要的,重要的是各种权威主张的"正确思想"。于是,我们被鼓励服从权威而非倾听自己。

047　第五章　感受的根源

如果我们想利用他人的内疚,我们通常采取的办法是,把自己不愉快的感受归咎于对方。家长也许会和孩子说:"你成绩不好让爸爸妈妈伤透了心!"言下之意,他们快乐或不快乐是孩子的行为造成的。看到父母的痛苦,孩子可能会感到内疚,并因此调整行为来迎合他们。遗憾的是,这种调整只是为了避免内疚,而非出自对学习的热爱。

063　第六章　请求帮助

我们越是将他人的不顺从看作是对我们的排斥,我们所表达的愿望就越有可能被看作是命令。

一旦人们认为我们是在强迫他们,他们就会不太想满足我们的愿望。

目录

085　第七章　用全身心倾听

遭遇他人的痛苦时,我们常常急于提建议,安慰或表达我们的态度和感受。可是,倾听意味着全心全意地体会他人的信息——这为他人充分表达痛苦创造了条件。

105　第八章　倾听的力量

通过倾听,我们将意识到他人的人性以及彼此的共通之处,这会使自我表达变得容易些。

我们越是倾听他人语言背后的感受和需要,就越不怕与他们坦诚地沟通。

我们最不愿意示弱的时候往往是因为担心失去控制想显得强硬的时候。

119　第九章　爱自己

我深信,出于对生命纯洁的爱,而不是出于恐惧、内疚、羞愧、职责或义务来选择生活,是爱惜自己的重要体现。

133　第十章　充分表达愤怒

在我看来,愤怒是我们的思维方式造成的。它的核心是尚未满足的需要。

如果我们能够借助它来提醒自己——我们有需要没有得到满足,而我们的思维方式正使它难以得到满足,那愤怒就是有价值的。

目录

153　第十一章　运用强制力避免伤害

我们都知道,惩罚将导致关系的疏远。一旦我们被看作是施暴的人,我们就很难得到友善的回应。

163　第十二章　重获生活的热情

通过运用非暴力沟通,我们不再试图分析自己或他人有什么毛病,而是用心去了解我们的需要,这样,我们的内心将逐渐变得平和。

177　第十三章　表达感激

有一天晚上,当我向我的儿子布莱特指出他没做好家务活时,他反驳说:"爸,你想想,你是不是倾向于指出问题,而很少肯定我?"他的话在我脑海中盘绕了许久。

186　后记

189　附录:非暴力沟通模式

190　编后记

译序

我曾以为,我的一生将致力于对生命的痛苦作出反应。后来,我发现,这过于沉重、过于灰暗。如果我只看到痛苦,我的心难免会被乌云所笼罩,被绝望所吞没。在徘徊中,终于有一天,我发现,我的人生可以对生命的美丽作出反应。当我看到了美——自己、他人以及其他生命的美,我心中充满了柔情,也找回了生活的热情与活力。这个转变,我很大程度上归功于卢森堡博士发现的非暴力沟通模式。

我对非暴力沟通感兴趣始于 2005 年底。当时,一位朋友给我带来了《非暴力沟通》一书的英文版,并告诉我作者卢森堡博士希望能有中文版。我原以为这只是一本提高语言修养的书,没怎么放在心上。可开始读后,却发现了一个全新的世界。后来,我在给卢森堡博士的信中写道:"开始时,我并不指望能学到多少东西。可是,读完这本书后,我发现,我激励自己的方式无意中促成了自我憎恨。由于认为自己'应该'做到许多事情,我不停地指责自己、命令自己、要求自己。这不可避免地导致内在的分裂与不满。而非暴力沟通提醒我倾听内心中不同的声音,以及它们所反映的需要——这促进了自我理解和内心的和谐。"

兴奋之余,我写信给代理该书版权的美国出版社表示愿意翻译此书并联系出版。隔天,我就收到了该书英文版编辑、非暴力沟通培训师吕靖安女士的来信,她表示愿意校译我的翻译。此后,我就在靖安的指导

> 我很希望这本书能帮助更多的人安静下来。使用暴力的人其实是因为他们内心的宁静遭到了破坏，所以他们才会用暴力的方式维护或寻求心灵的和平。

下，展开了对全书的翻译工作。

这本书的翻译过程中，我还得到了许多人的帮助。特别是第一章，先后有十几位朋友帮助润色及推敲关键词的翻译；其中有位朋友还在电话中帮我逐句校译。此外，一些读过译稿的朋友，也来信表示鼓励。我的朋友杨瑞在信中说："你的翻译已经产生了现实效应。我觉得第九章很不错，把它发给了一位好友。碰巧，她的上司最近老找她工作上的岔子，是一个40多岁的男人。她把第九章（爱惜自己）转发给他，据说他现在在电话里跟她讲话安静多了。我很希望这本书能帮助更多的人安静下来。使用暴力的人其实是因为他们内心的宁静遭到了破坏，所以他们才会用暴力的方式维护或寻求心灵的和平。这或许是暴力的蝴蝶效应吧。"

这本书的翻译前后历时近两年。为了深化对非暴力沟通的理解，我于2006年9月前往澳门协助靖安为澳门善牧会提供培训，并于同年12月前往印度参加卢森堡博士主持的非暴力沟通国际培训。善牧会的服务对象是处于困境中的妇女，它为遭受家庭暴力的妇女提供临时住所、短期工，并成立妇女互助中心为单亲家庭提供帮助。善牧会负责人狄素珊修女在信中介绍了为什么她们对非暴力沟通感兴趣："近几年，我们开始为单亲家庭中的孩子提供培训，这些孩子经历了家庭暴力，我们想帮助他们学习别的解决问题的办法。大约是一年前，我们决定继续预防暴力的努力。通过互联网，我们查询了世界各地相关的培训项目，直到发现非暴力沟通。它看起来简单而且可行——正是我们所要寻找的。"

可以说，没有这么多人的帮助、鼓励以及相关的培训，我很难顺利完成翻译。当然，更重要的是非暴力沟通本身的魅力。换一句话说，是非暴力沟通吸引了我们参与翻译工作。非暴力沟通提醒我们人性是相通的——虽然每个人的价值观和生活方式或许不同,但作为人却有着共同的感受和需要。这样,在发生矛盾和冲突的时候,运用非暴力沟通,我们将能专注于彼此的感受和需要,从而促进倾听、理解以及由衷的互助。

人们常说:"爱能使心灵的创伤痊愈。"我深信,爱的能力取决于审美能力。我衷心祝愿,《非暴力沟通》中文版的出版能够有助于我们发现生命的美与力量,不仅使我们内心的创伤痊愈,而且还能使我们人际关系中的创伤痊愈。

阮胤华

http://www.lifeatwork.cn

2008 年 10 月 20 日

前言

阿伦·甘地（Arun Gandhi）
圣雄甘地非暴力学会创始人和主席

上个世纪四十年代，我在南非度过了童年。作为有色人种，生活在执行种族隔离政策的南非并不是很有意思的事情。在那里，肤色随时都可能给你招来无情的刺激。十岁那年，白人打了我，他们认为我太黑了；接着，黑人又打了我，他们认为我太白了。这样的耻辱也许会让任何人想报复社会。

看到我处于悲愤之中，父母决定送我到印度和祖父圣雄甘地（M. K. Gandhi）住一段时间。他们希望我能从祖父那里学到如何面对愤怒、挫折、歧视和耻辱。在接下来的 18 个月中，我学到的远远超出期待。唯一的遗憾是，那时我还是个普通的孩子，年仅十三岁。如果年纪大一些、聪明一些或更有思想，那么，我就可以学到更多。然而，非暴力生活的一个关键就是：感激生活的赐予，而不贪心。我怎么可以忘记这一点呢？

和祖父在一起的日子里，我意识到什么是真正的非暴力以及认识自身暴力的重要性。由于缺乏了解，我们常常认识不到自身的暴力。我们认为，只有打人、鞭挞、杀人以及战争等才算是暴力，而这类事与我们无关。

为了加深我对暴力的认识，祖父让我画一棵树，类似家族树，用以描述暴力的根源。他认为，认识暴力，有助于理解非暴力。每天晚上，他和我一起分析我一天中的经历——我的所读、所看、所做。如果某个行为涉及使用武力，就把它归到暴力之树"身体的暴力"那一边；如果主要造成精神伤害，那就归到暴力之树"隐蔽的暴力"那一边。

几个月后，我房间的一面墙上就写满了各种"隐蔽的暴力"。与"身体的暴力"相比，它们的危害性不那么明显，但祖父认为它们更为有害。他解释说，归根结底，是"隐蔽的暴力"激怒了受害者，使他作出暴力的反抗——不管是以个人的名义，还是以团体成员的名义。如果看不到这一点，我们为促进和平所做的努力，要么徒劳无功，要么昙花一现。不切断地狱之火的燃料供应，怎么可能成功灭火呢？

祖父反复强调在交流中运用非暴力原则的重要性。许多年来，通过著书和开设研讨班，卢森堡博士倾力介绍非暴力沟通，作出了令人钦佩的贡献。带着浓厚的兴趣，我阅读了本书。这本书的深度和简洁给我留下了深刻的印象。

祖父曾提倡："让梦想中的世界通过我们的转变得以实现。"我相信，除非从我做起，我们的梦想就不可能实现。不幸的是，我们总是希望别人先开始改变。

非暴力不是今天用了、明天就可以抛弃的权宜之计。非暴力也不是让你变得温顺或听话。非暴力主张积极进取，而非消极无为。人们习惯于围绕个人利益采取行动。在基于狭隘个人主义、物质至上的当代社会，更是如此。视非暴力为权宜之计或对他人的顺从，并无益于家庭、社区和国家的和谐。

在国家危急时刻，能否挥舞国旗聚集在一起，并不重要；成为超级

> 让尊重、理解、欣赏、感激、慈悲和友情,而非自私自利、贪婪、憎恨、偏见、怀疑和敌意,来主导生活。人们常说:这是一个弱肉强食的世界,为了生存,我们必须不择手段。这个观点,请恕我无法同意。

大国,拥有多次毁灭地球的能力,不足以解决问题;通过军事力量,征服世界其他地区,也于事无补——因为恐惧无法带来和平。

非暴力意味着让爱融入生活。让尊重、理解、欣赏、感激、慈悲和友情,而非自私自利、贪婪、憎恨、偏见、怀疑和敌意,来主导生活。人们常说:这是一个弱肉强食的世界,为了生存,我们必须不择手段。这个观点,请恕我无法同意。

如果今天的世界是无情的,那是我们的生活方式造成它的无情。我们的转变与世界的状态息息相关。而改变沟通方式是自我转变的重要开端。我推荐大家阅读这本书,并运用它介绍的沟通方法。我深信,提升沟通品质有助于建设一个友爱的世界。

语言是窗户（否则，它们是墙）

听了你的话，我仿佛受了审判，
无比委屈，又无从分辩，
在离开前，我想问，
那真的是你的意思吗？

在自我辩护前，
在带着痛苦或恐惧质问前，
在我用言语筑起心灵之墙前，
告诉我，我听明白了吗？

语言是窗户，或者是墙，
它们审判我们，或者让我们自由。
在我说与听的时候，
请让爱的光芒照耀我。

我心里有话要说，
那些话对我如此重要，
如果言语无法传达我的心声，
请你帮我获得自由好吗？

如果你以为我想羞辱你，
如果你认定我不在乎你，
请透过我的言语，
倾听我们共有的情感。

——鲁思·贝本梅尔（Ruth Bebermeyer）

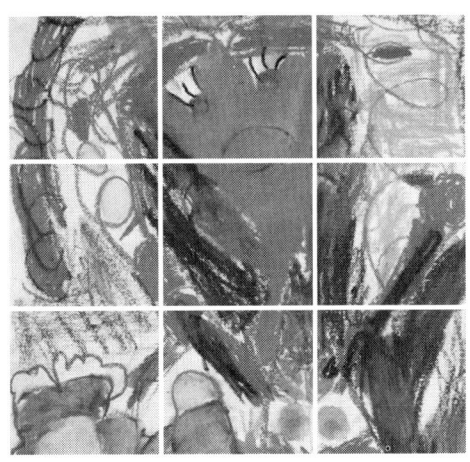

第一章 让爱融入生活

引 言

我相信，人天生热爱生命，乐于互助。可是，究竟是什么，使我们难以体会到心中的爱，以致互相伤害？又是什么，让有些人即使在充满敌意的环境中，也能心存爱意？

这样的思考始于童年。大约是1943年的夏季，我家搬到了密歇根州的底特律。到达后的第二个星期，公园中一起暴力事件引发了种族冲突，接下来几天有40多人遇害。我家处于冲突的中心地带，整整三天，我们都紧闭家门，不敢出去。

冲突结束后，学校复课了。我发现，和肤色一样，名字也可能招来危险。老师点名时，有两个男孩瞪着我，嘘声说："你是 Kike 吗？"我从未听过这个词，不知道它是某些人对犹太人的蔑称。放学后，他们在路上拦住我，把我摔在地上，拳打脚踢。

从此，上述两个问题就一直困扰着我。是什么赋予我们力量，使我们在最恶劣的情况下，也能关爱生命？给我启发的是像艾提·海勒申（Etty Hillesum）那样的人。即使被关押在德国人惨无人道的集中营，她依然一片柔情。在日记中，她写道：

关云鹤 10岁

"在太阳要下山的时候,一个热气球正在随风飞翔。

在太阳要下山的时候,一阵风从太阳吹到月亮上。

在太阳要下山的时候,一阵风正帮气球完成梦想。

在太阳要下山的时候,母亲在月亮的气球不得不去远方。

谁知她有多想念,谁知她有多少话要说。"

> 也许我们并不认为自己的谈话方式是"暴力"的,但我们的语言确实常常引发自己和他人的痛苦。

"我不会轻易害怕。那不是我勇敢,而是我知道,他们也是人,我必须用心理解他们的行为。今天早上,那个性情粗暴的年轻盖世太保冲我吼叫,我没有生气,而是关心他。我想问:'你的童年很不开心吗?女友抛弃你了吗?'他看起来愁眉苦脸、躁动不安、阴沉而又虚弱。我当时就想帮助他。他那么痛苦,一旦为所欲为,是多么危险!"

——艾提·海勒申:日记一则

我认识到语言及表达方式的巨大影响。也许我们并不认为自己的谈话方式是"暴力"的,但我们的语言确实常常引发自己和他人的痛苦。后来,我发现了一种沟通方式,依照它来谈话和聆听,能使我们情意相通,乐于互助。我称之为"非暴力沟通"。这里借用甘地曾用过的"非暴力"一词,来指暴力消退后,自然流露的爱。在一些地区,这种沟通方式被称为"爱的语言";在本书中,"NVC"指非暴力沟通或爱的语言。

人生的抉择

非暴力沟通的基础是一些沟通方式——即使在逆境中,它们也能使人乐于互助。非暴力沟通没有任何新的主张,它所吸纳的内容,都有悠久的历史。它的目的正是提醒我们借助已有的知识,让爱融入生活。

非暴力沟通指导我们转变谈话和聆听的方式。我们不再条件反射式地反应,而是去明了自己的观察、感受和愿望,有意识地使用语言。我们既诚实、清晰地表达自己,又尊重与倾听他人。这样,在每一次互动

> 运用非暴力沟通聆听彼此心灵深处的需要,我们将以全新的眼光看待人际关系。

中,我们都能聆听到自己和他人心灵深处的呼声。同时,它还促使我们仔细观察,发现正影响我们的行为和事件,并提出明确的请求。它的方式虽然简明,但能带来根本性的变化。

听到批评时,我们一般会申辩、退缩或反击。然而,一旦专注于彼此的观察、感受及需要,而不反驳他人,我们便能发现内心的柔情,对自己和他人产生全新的体会。这将最大限度地避免暴力。通过强调倾听——倾听自己及他人,非暴力沟通培育彼此的尊重、关注与爱,使人乐于互助。

虽然我称非暴力沟通为"沟通方式",但它不只是沟通方式。它更是一种持续不断的提醒,使我们专注于更可能满足我们人生追求的方向。

有个故事讲述一个男人在街灯下趴着寻找东西。一位路过的警察问他找什么。那个有些醉意的男人回答道:"找车钥匙。"警官就问:"是在这丢的吗?"他说:"哦,在公园丢的。"看到警察很困惑,他急忙解释:"这里的光线要亮得多。"

让爱融入生活是我毕生的追求——我与他人情意相通、乐于互助。可是,由于主流文化的影响,我迷失了方向。于是,我想借非暴力沟通来看清并专注于自己的人生选择。

我所说的"乐于互助",在下面这首抒情诗中得到了很好的表达:

"你取之于我,

是我得到的最好的礼物,

当你知道我因施与你

而快乐。

> 当我们真诚助人时,我们丰富他人生命的愿望得到了满足。我们的行为,是出于由衷的喜悦。

你明白,我的给予不是
让你欠我的人情,
而是因为我想活出
对你的爱。
欣然的接受,
或许是最佳的赏赐。
我无法将二者
分开。
当你施与我
我给你我的接纳。
当你取之于我,
我感激你的赐予。"

——鲁思·贝本梅尔唱片集《获赠》
(1978)中的《获赠》一歌

当我们真诚助人时,我们丰富他人生命的愿望得到了满足。我们的行为,是出于由衷的喜悦。这样的给予让施者和受者同时受益。由于施者的给予既不是出于恐惧、内疚或羞愧,也不是为了得到什么;受者获得馈赠,却不会有心理负担。与此同时,施者会因自己行为的价值更加欣赏自己。

非暴力沟通的使用,并不需要沟通的对象熟悉非暴力沟通,或对我们心存善意。如果我们遵循非暴力沟通的原则,乐于互助,并表明那是唯一的动机,那么,他人也会加入我们,最终形成良好的互动。我并不是说这种局面总会很快出现。但我确信,只要信守非暴力沟通的原则和

> 非暴力沟通的四个要素：
> 1. 观察 2. 感受 3. 需要 4. 请求

方法，友爱之花必将在你我心中怒放。

非暴力沟通的要素

为了彼此能乐于互助，我们专注于四个方面——非暴力沟通模式的四个要素。

首先，留意发生的事情。我们此刻观察到什么？不管是否喜欢，只是说出人们所做的事情。要点是，清楚地表达观察结果，而不判断或评估。接着，表达感受，例如受伤、害怕、喜悦、开心、气愤等等。然后，说出哪些需要导致那样的感受。一旦用非暴力沟通诚实地表达自己，前三个要素就会得到体现。

举例来说，一位母亲可能对她处于青春期的儿子说："费利克斯，看到咖啡桌下的两只脏袜子和电视机旁的三只，我不太高兴，因为我看重整洁。"

接着，她立即提出非暴力沟通的第四个要素——具体的请求："你是否愿意将袜子拿到房间或放进洗衣机？"这一要素明确告知他人，我们期待他采取何种行动，来满足我们。

这样，这位母亲就清楚地说出非暴力沟通的四个要素。借助这四个要素诚实地表达自己，是非暴力沟通的一个方面。非暴力沟通的另一方面是借助它们关切地倾听。我们首先通过体会他人此刻的观察、感受和需要，与他们建立联系，然后聆听他们的请求，来发现做什么可以帮助他们。

保持对这两方面的关注，并帮助他人也这么做，双方便可持续互

> 非暴力沟通过程
> - 什么是我的观察
> - 我的感受如何
> - 哪些需要（或价值、愿望等）导致那样的感受
> - 为了改善生活，我的请求是什么

动，直至情意相通：我此刻的观察、感受和需要是什么；为了改善生活，我的请求是什么；你此刻的观察、感受和需要是什么；为了改善生活，你的请求是什么……

使用非暴力沟通时，表达自己或倾听他人，都是好的开端。但需要牢记的是，非暴力沟通不是固定的公式，它可以适应不同的情况，并根据个人风格及文化环境做出调整。为了叙述的方便，我将非暴力沟通称为"沟通方式"，但有时语言是多余的。非暴力沟通的精髓在于对其四个要素的觉察，而不在于使用什么字眼进行交流。

非暴力沟通的运用

无论自我对话、与人交谈，还是小组讨论，非暴力沟通都能使我们心存爱意。因此，它适用于各个层面的交流和各种环境：

亲密关系

家庭

学校

组织机构

心理疗法及精神辅导

外交和商业谈判

任何性质的争论和冲突

有些人用非暴力沟通增进与伴侣的感情：

"当我运用非暴力沟通与他交流,我不再觉得受伤,也没有退缩,而能倾听和领会他的情感。我发现,这个与我结婚28年的男人,内心原来那样痛苦!在我参加[非暴力沟通]研讨班前的那个周末,他甚至提出了离婚。长话短说,幸亏非暴力沟通挽救了我们的婚姻,否则,今天我们不可能一起来到这里……我试着体会他的感受,说出我的需要,听取不中听的回答。他来这里不是为了讨我欢心,我来也不是为了他的幸福。我们学着成长、接纳和爱,只有这样才能各得所愿。"

——圣地亚哥研讨班参与者

还有人用非暴力沟通改进工作。一位教师写道:

"在特殊教育的课程中,我使用非暴力沟通大约已有一年。有些学生具有表达困难、学习障碍和行为问题,但也能运用非暴力沟通。比如,有位学生在教室中吐痰、咒骂、尖叫,并用铅笔戳走近他课桌的同学。我提醒他:'请换一种方式表达。使用长颈鹿语言。'(在一些研讨班中,长颈鹿形状的木偶,被用作解释非暴力沟通的教具)他立即站起来,看着本想指责的同学,平静地说:'你靠我这么近,我都要生气了!离我的桌子远点好吗?'另一个学生也许会说:'没问题!我忘了你不喜欢这样。'

我开始思考为什么我会有挫折感。我想知道,除了和谐与秩序,我还需要什么。我投入大量时间备课,可为了管理课堂,无法好好讲课。这也影响了其他学生的学习。当他再次发作时,我开始告诉他:'我很看重学习。请认真听讲好吗?'也许,一天中要提醒他一百次,但他一般都会重新开始认真听课。"

——伊利诺伊州芝加哥市的一位教师

一位医生写道：

"在行医时，我经常使用非暴力沟通。一些病人问我是不是心理学家，因为医生通常并不关心他们的生活方式以及对疾病的态度。非暴力沟通帮助我敏锐地觉察他们的需要，了解特定的时刻他们需要听些什么。这对改善与血友病人和艾滋病人的关系特别有用——此类医患关系常常受到强烈愤怒和痛苦的冲击。在过去的五年，有位患艾滋病的妇女接受了我的治疗。最近，她提到，我努力帮她寻找生活的乐趣，是她得到的最大帮助。非暴力沟通功不可没！在过去，一旦得知病人患了致命的疾病，我就心灰意冷，难以真诚地鼓励他们拥抱生活。通过运用非暴力沟通，我开拓了视野，找到了新的沟通方式。它与医疗活动相辅相成，我真是喜出望外。随着更频繁地投入非暴力沟通之舞，我更加热爱工作，并深得其乐。"

——巴黎的一位医生

还有些人把非暴力沟通运用于政治上。法国的一位内阁成员去看妹妹时，注意到妹妹和妹夫的沟通方式和以前很不一样。听了他们对非暴力沟通的介绍，她深受鼓舞，于是提到下周她需要代表法国，就有关认养程序的一些敏感问题，与阿尔及利亚进行谈判。尽管时间很紧，我们还是请了一位讲法语的培训师去巴黎配合那位内阁部长。后来，她认为，新学习的沟通技巧对谈判的成功有突出的贡献。

在耶路撒冷，不同政治立场的以色列人参加了一个非暴力沟通研讨班。参加者使用非暴力沟通对容易引起争议的西岸问题发表他们的意见。许多已在西岸建立家园的以色列人，相信他们的行为是在履行宗教使命。然而，他们所面临的挑战不仅来自巴勒斯坦人，而且来自那些承认这一地区将属于巴勒斯坦的以色列人。其间，我和一位培训师示范了如何以非暴力沟通的方式来倾听，然后请参加者轮流扮演其他人的立场。20分钟后，一位定居者宣布，如果她的政治对手能像刚才那样倾听她的心声，她愿意考虑放弃在西岸的定居点，并迁到国际认可的以色列领土。

在世界上，有些地区面临着激烈的暴力冲突以及棘手的种族、宗教或政治问题。非暴力沟通为这些地区提供了有效的解决办法。看到非暴力沟通培训的普及，以及人们使用它来调解以色列、巴勒斯坦、尼日利亚、卢旺达、塞拉利昂以及其他地区的争端，我感到特别地满足。我和工作伙伴曾在贝尔格莱德紧张地工作三天，培训那里为和平工作的市民——他们的国家正在波斯尼亚和克罗地亚进行残酷的战争。我们刚抵达时，学员们看上去十分沮丧。随着培训的进行，我们听到他们咯咯的笑声。他们找到了力量的源泉，并与我们分享他们深深的感激和快乐之情。接下来的两周，我们在克罗地亚、以色列和巴勒斯坦先后开展了培训工作，我们再一次看到，通过运用非暴力沟通，这些处于战乱之中的人们恢复了生活的勇气和信心。

能有机会到世界各地讲解非暴力沟通，体会它所激发的力量和喜悦，我深感幸运。现在，我很高兴，能够通过本书来与你分享非暴力沟通的丰富内容！

小　结

非暴力沟通提醒我们专注于彼此的观察、感受、需要和请求。它鼓励倾听，培育尊重与爱，使我们情意相通，乐于互助。有些人用非暴力沟通理解自己，有些人用它改善人际关系，还有人借助它改进工作。在世界各地，非暴力沟通被用来协调各个层面的争论和冲突。

非暴力沟通实例
"杀手""杀孩子的凶手""谋杀犯"

　　本书的许多章节带有题为"非暴力沟通在行动"的对话。这些对话是想请读者体会非暴力沟通原则的实际应用。然而，非暴力沟通不只是语言表达或使用文字的技巧，它所包含的意识和意图，也可以通过沉默、专注以及面部表情和身体语言来表达。你将读到的"非暴力沟通在行动"的对话，是实际对话的摘要和删节版。在实际的对话中，静静的倾听、故事、幽默、姿势等，使双方的交流比书中浓缩之后的对话显得自然。

　　我曾在伯利恒德黑萨难民营中的一个清真寺讲解非暴力沟通。听众是巴勒斯坦的穆斯林男子，大约有170人。那时，巴勒斯坦人对美国人的态度并不友好。演说的时候，我突然注意到，听众中传来一阵低沉的声音。我的翻译提醒我："他们正低声议论你是美国人！"此时，一位男子站了起来。他冲着我使劲喊道："谋杀犯！"许多人立即随声附和，大喊："杀手！""杀孩子的凶手！""谋杀犯！"

　　十分幸运的是，我能够全神贯注地体会那个男人当时的感受和需要。我对这种情况的发生早有预感。来难民营的路上,我看到几个前一天晚上射入难民营的催泪弹弹壳。每个弹壳上,"美国制造"这几个字都十分醒目。我知道,对于美国供应催泪弹和其他武器给以色列,这些难民心中充满愤怒。

我和那个称我为谋杀犯的男人开始对话:

我:"你生气是因为你想要我的政府改变它使用资源的方式吗?"(我不知道我猜得对不对,但关键是,我确实关心他的感受和需要。)

他:"天杀的,我当然生气!你以为我们需要催泪弹?我们需要的是排水管,不是你们的催泪弹!我们需要的是房子!我们需要建立自己的国家!"

我:"所以,你很愤怒,你想要一些支持来改善生活条件并在政治上独立?"

他:"你知道我们带着小孩在这里住 27 年是什么感觉吗?你对我们长期以来的生活状况有一点点认识吗?"

我:"听起来,你感到绝望。你想知道,我或别人是不是能够真正了解这种生活的滋味?"

他:"你想了解吗?告诉我,你有孩子吗?他们上学吗?他们有运动场吗?我儿子病了!他在水沟里玩耍!他的教室里没有书!你见过没有书的学校吗?"

我:"我注意到,你在这里培养孩子,是多么地痛苦!你想告诉我,你所要的正是所有父母想给孩子的——好的教育,以及健康的环境来让他们玩耍和成长……"

他:"不错,这些是最基本的。人权——你们美国人不是说这是人权吗?

何不让更多的美国人来这里看看你们给这里带来了什么样的人权!"
我:"你是希望更多的美国人了解你们巨大的痛苦,并意识到我们政治活动的后果吗?"

我们的对话持续了将近二十分钟,他一直在表达痛苦,而我倾听每句话所包含的情感和需要。他主动帮助我了解他的心灵以及深深的不幸。我并不将他的话视为攻击,而当作来自人类同胞的礼物。

当这位先生感到我领会了他的意思,他开始愿意听我讲我来难民营的目的。一个小时后,这个原来称我为谋杀犯的男子邀请我去他家享用丰盛的斋月晚餐。

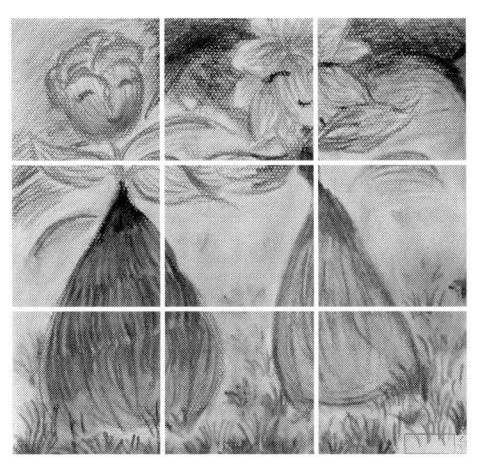

第二章 是什么蒙蔽了爱?

> 有些沟通方式使我们难以体会到心中的爱。

是什么使我们难以体会到心中的爱？在思考这个问题时，我发现某些语言和表达方式的负面影响。它们虽然致力于满足某种愿望，却倾向于忽视人的感受和需要，以致彼此的疏远和伤害。这些语言和表达方式，我称为"异化的沟通方式"。

道德评判

道德评判是用道德标准来评判人，如果一个人的行为不符合我们的价值观，那他就被看作是不道德的或邪恶的。例如："你的毛病是你太自私了。""他对人有成见。""这是不恰当的。"批评、指责、辱骂、归类、比较以及评论等都是在评判人。

苏菲派诗人鲁米写道："在道德与不道德的区分之外，有片田野。我将在那里见你。"然而，语言使我们陷于是非之中。它擅长将人分类，把人看作好人或坏人，正常或不正常，负责任或不负责任，聪明或愚蠢，等等。

我从小就学着以貌似客观的语言表达自己。一旦遇到不喜欢的人或不理解的事，就会想别人有什么不对。如果老师布置的作业我不想做，

▌对他人的评价实际上反映了我们的需要和价值观。

那他就"太过分了"。如果有人开车横冲到我前面,那他就是"混蛋"。同样的,要是达不到自己的期待,我也会觉得自己有毛病。我一心分析和确定错误的性质,而忽视自己和他人的需要。因此,如果女友想多一些体贴,那她就"太粘人了"。可是,如果我想多一些体贴,那她"冷漠得像个木头"。如果同事更关心细节,他就是"有强迫症"。反之,如果我更在乎细节,他就是"粗心大意"。

我相信,诸如此类的评论暗含着我们的价值观及需要。不幸的是,以这样的方式提出主张,很可能会招来敌意,使我们的愿望更难得到满足。即使他们接受批评,作出让步,通常也不是心甘情愿的。如果他们出于恐惧或内疚来迎合我们,或迟或早,我们将会发现对方不再那么友好。当然,他们也付出了代价。屈服于外部或内部的压力,很可能使他们心怀怨恨,并厌恶自己。

重要的是,在这里,我们不要将价值判断与道德评判混为一谈。什么是可贵的品质,我们每个人都有自己的看法。例如,我们也许会欣赏诚实、自由以及和平的价值。价值判断反映了我们的信念——生命的需要怎样才能得到最好的满足。看到不符合我们价值观的行为,我们可能会说:"暴力是不好的。杀人者是邪恶的。"然而,如果我们从小就学习爱的语言,我们将会直接说出我们的价值观,而不会指责他人。此时,我们就会说:"对于使用暴力来解决问题,我很担心;我主张通过其他方式来解决冲突。"

语言与暴力的关系是科罗拉多大学心理学教授 O. J. 哈维(O. J. Harvey)的研究课题。他从许多国家的文学作品中随机节选了一些篇章,然后统计某些词语的使用频率。这些词语涉及道德评判。他的研究结果表明,这类词语的使用频率越高,暴力事件就越频繁。在一些社会

> 分类和评判提倡的是暴力。

中,人们习惯于将人分为好人和坏人,并认为坏人应该受到惩罚。在另一些社会中,人们倾向于围绕人的需要来考虑问题。得知后一种社会的暴力现象远少于前一种社会,我一点都不吃惊。在美国,在孩子们最可能看电视的时间段,有75%的电视节目在播放主人公杀人或暴打对方。将暴力作为节目的"高潮"是很典型的现象。看电视的人看得津津有味,是因为这个社会告诉他们,坏人应该被惩罚。

暴力的根源在于人们忽视彼此的感受与需要,而将冲突归咎于对方——至少大部分暴力的根源都是如此,不论是语言、精神或身体的暴力,还是家庭、部落以及国家的暴力。冷战期间,我们看到了这种思维的危险性。美国领导人把前苏联看作是致力于摧毁美国生活方式的"邪恶帝国";前苏联领导人将美国人看作是试图征服他们的"帝国主义压迫者"。双方都没有承认内心的恐惧。

进行比较

比较也是评判的一种形式。在《让自己过上悲惨生活》一书中,作者丹·格林伯格(Dan Greenberg)诙谐地揭示了比较对我们的影响。他建议读者,如果真的想过上悲惨生活,就去与他人做比较。他给初学者介绍了几个练习。第一个练习是,根据当代媒体的标准,展示完美男人或完美女人真人尺寸的全身照。他建议读者先量好自己的身体尺寸,然后与照片上的美女或帅哥的尺寸做比较,并用心体会差别。

这个练习实现了它的承诺:在比较时,我们开始觉得自己活得很惨。此时,我们的心情极为低落。可是,翻到下一页,我们发现,第一

关丽莎 5 岁
"我要把我看到的都画到我的画里"

> 比较也是一种评判。

个练习仅是热身运动。既然形体美不是特别重要,格林伯格现在请我们比较要紧的事情:成就。他从电话簿中随机挑出几个人让读者进行比较。他声称他看到的第一个名字是大音乐家莫扎特。格林伯格列出莫扎特能说的语言以及他在少年时期的主要作品。他接着建议读者想想他们现在的成就,然后和莫扎特十二岁时的成就做比较,并用心体会差别。

读者即使不做上述练习,很可能也会认为比较蒙蔽了我们对人对己的爱意。

回避责任

我们对自己的思想、情感和行动负有责任。可是,人们广泛使用"不得不"这一短语。例如:"不管你是否喜欢,有些事你不得不做。"显然,这种表达方式淡化了个人责任。"你让我"是人们常用的另一短语,例如:"你让我伤透了心。"此时,我们的表达方式忽视了我们情感的内在根源。

在《艾希曼在耶路撒冷》一书中,作者汉娜·阿伦特(Hannah Arendt)纪录了审判纳粹战犯阿道夫·艾希曼(Adolph Eichmann)的过程。据她的记载,艾希曼及其同事借助"Amtssprache"回避责任。"Amtssprache"大意是"办公室语言"或"行政命令"。例如,如果问他为什么采取了某种行动,他也许会说:"我不得不做。"如果追问为什么"不得不做",他就会答道,"长官命令"、"公司政策"或"法律规定"。

当我们根据以下理由行动时,我们也就试图回避责任。

- **受说不清楚的力量驱使。**

  为什么打扫房间?

  ➡ 因为我不得不做。

- **我们的个人情况、成长历程、自我形象等。**

  为什么喝酒?

  ➡ 因为我是个酒鬼。

- **其他人的行为。**

  为什么我要打自己的小孩?

  ➡ 因为他跑到街上去。

- **上级的命令。**

  为什么欺骗顾客?

  ➡ 因为老板叫我这样做。

- **同伴的压力。**

  为什么要抽烟?

  ➡ 因为我所有的朋友都抽烟。

- **机构的规章制度及政策**

  为什么我要将你停职?

  ➡ 因为你违规了,根据学校规定,我必须这么做。

- **性别角色、社会角色或年龄角色**

  为什么我必须做我讨厌的工作?

  ➡ 因为我不仅是一个丈夫,而且还是一个父亲。

- **无法控制的冲动**

  为什么吃巧克力?

  ➡ 因为吃巧克力的冲动征服了我。

▎我们可以用负责任的语言代替回避责任的语言。

有一次,在与家长和老师讨论回避责任所带来的危险时,一位女士气愤地说:"但有些事,你确实不得不做,不管你是否喜欢!我认为,告诉孩子有些事他们也不得不做,并没有什么不对。"于是,我请她举例说明什么事她"不得不"做,她有点不屑地回答:"这太容易了!今晚离开这里后,我不得不做饭。我讨厌做饭!我早就受够了!但二十年来,每天我都不得不做饭。即使有时累得像一条狗。因为这是你不得不做的事情。"我告诉她,听到她长期做自己讨厌的事情,我很难过。我希望非暴力沟通能帮她找到解决办法。

很快,她从学习中找到了灵感。研讨班一结束,她就告诉家人,她不想再做饭。三个星期后,她的两个儿子参加了一个研讨班,这让我们有机会了解他们怎么看母亲的决定。大儿子叹道:"马歇尔,我刚和自己说,'感谢上帝!'"看到我困惑的表情,他解释说:"也许她终于可以不在吃饭时发牢骚了!"

还有一次,我为一个学区的老师提供咨询服务。一位老师说道:"我讨厌评级。这样做不仅没用,而且学生会很紧张。但我不得不评级。因为这是学区政策。"此前,我们刚刚练习如何以负责任的方式来表达自己。我建议这位老师用以下的方式来表达:"我选择评级。因为我想……"。她脱口而出:"我选择评级。因为我想保住工作。"她赶紧补充了一句:"我不喜欢这样说。这让我觉得我负有不可推卸的责任。"我回答说:"这正是我建议你这样表达的原因。"

法国作家乔治·贝尔纳诺斯(George Bernanos)有段话引起了我的共鸣:

"我常常想,如果有一天,技术的进步最终被用来摧毁人类,那么,

> 我们无法强迫他人按我们的期待生活。

并非是暴行导致人类的灭亡,当然,更不能说是复仇行为使人类灭亡……人类的灭亡,却是因为现代人唯唯诺诺、缺乏责任感,毕恭毕敬地服从各种命令。我们所看到的悲剧和马上就要看到的更大悲剧,并非是世界上反抗的人、不服从的人增多了,而是唯命是从的人、听话的人越来越多。"

一旦意识不到我们是自己的主人,我们就成了危险人物。

强人所难

我们对别人的要求往往暗含着威胁:如果不配合,他们就会受到惩罚。在我们的社会中,这是强者常用的手段。

许多人相信,作为父母、师长或经理,我们的职责就是改变他人并让他们循规蹈矩。我也曾以为,作为父亲,我的职责就是管教孩子。可是,我发现,我可以提出各种要求,但无法强迫孩子们按我的期待生活。盛气凌人并无济于事。是的,我可以通过惩罚来教训他们,但如果我真的那样做了,他们迟早也会想出办法来对付我。

在第六章,我们将探讨请求与命令的区别——这是非暴力沟通的重要内容。

异化的沟通方式还与一个想法有关:有些行为值得奖励,而另一些行为必须受罚。这种想法通过"应当"这个词得到了体现,例如"他应当为他所做的事情受到惩罚"。这种想法认为有些人是"坏人",应该通过惩罚让他们感到后悔并重新做人。然而,我相信,如果一个人选

> 认为"某人应当受到惩罚"使我们难以体会到心中的爱。

择新的生活,是为了追求幸福,而非为了逃避惩罚,那他的行为就符合所有人的利益。

我们大多数的人使用的语言倾向于评判、比较、命令和指责,而不是鼓励我们倾听彼此的感受和需要。我相信,异化的沟通方式的基础是性恶论。长期以来,我们强调人性本恶以及通过教育来控制天性。这导致了我们对自己的感受和需要常常心存疑虑,以致不愿去体会自己的内心世界。

异化的沟通方式源自等级社会或专制社会,同时也支撑着它们。对于国王、沙皇、贵族来说,将臣民训练得具有奴隶般的精神状态符合他们的利益。"不应该"、"应该"和"不得不"这些表达方式特别适合这个目的:人们越是习惯于评定是非,他们也就越倾向于追随权威,来获得正确和错误的标准。一旦专注于自身的感受和需要,我们就不再是好奴隶和好属下。

小　结

人天生热爱生命,乐于互助。可是,异化的沟通方式使我们难以体会到心中的爱。道德评判就是其中的一种,它将不符合我们价值观的人看作是不道德的或邪恶的。进行比较也是一种评判,它会蒙蔽对人对己的爱意。异化的沟通方式还淡化了我们对自己的思想、情感和行为的责任意识。此外,强人所难也会造成心灵的隔阂。

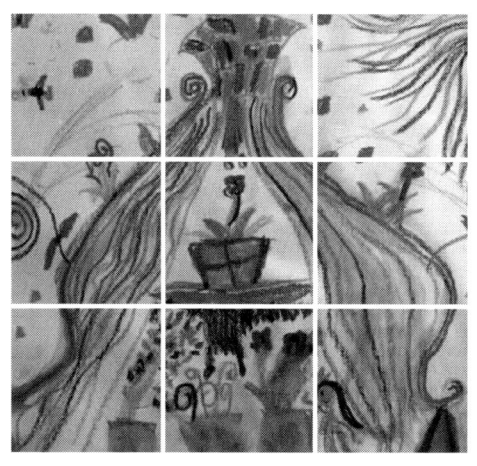

第三章 区分观察和评论

我知道如何回应你
当你说我做了什么或没做什么，
我也可以回应你的评论，
但请不要把二者混淆。

如果你想把任何事情搅浑，
我可以告诉你怎么做：
把我做的事情
和你的反应混为一谈。

告诉我你感到失望
当你看到事情还没做完，
但说我"不负责任"
并无法打动我。

告诉我你感到受伤
当我对你的请求说"不"，
但说我"冷漠"
并不会增加你以后的机会。

是的，我知道如何回应你
当你说我做了什么或没做什么，
我也可以回应你的评论，
但请不要把二者混淆。

——马歇尔·卢森堡

▎不区分观察和评论，人们将倾向于听到批评。

非暴力沟通的第一个要素是观察。我们仔细观察正在发生的事情，并清楚地说出观察结果。非暴力沟通并不要求我们保持完全的客观而不作任何评论。它只是强调区分观察和评论的重要性。将观察和评论混为一谈，人们将倾向于听到批评，甚至会产生逆反心理。

同时，非暴力沟通不鼓励绝对化的评论，而主张评论要基于特定时间和环境中的观察。语义学家温德尔·约翰逊（Wendell Johnson）认为，用静态的语言捕捉变动不居的现实，会造成许多困扰。他讲道："我们的语言年代久远，但先天不足，是一种有缺陷的工具。它反映了万物有灵论的思想，让我们谈论稳定性和持久性，谈论相似之处、常态和种类，谈论神奇的转变、迅速的痊愈、简单的问题以及终极的解决办法。然而，我们的世界包含着无穷无尽的过程、变化、差别、层面、功能、关系、问题以及复杂性。静态的语言与动态的世界并不匹配，这是我们面临的挑战之一。"

以下这首歌反映了观察和评论的区别。

> 我从未见过懒惰的人；
> 我见过
> 有个人有时在下午睡觉，
> 在雨天不出门，
> 但他不是个懒惰的人。
> 请在说我胡言乱语之前，
> 想一想，他是个懒惰的人，还是
> 他的行为被我们称为"懒惰"？

我从未见过愚蠢的孩子；
我见过有个孩子有时做的事
我不理解
或不按我的吩咐做事情；
但他不是愚蠢的孩子。
请在你说他愚蠢之前，
想一想，他是个愚蠢的孩子，还是
他懂的事情与你不一样？

我使劲看了又看
但从未看到厨师；
我看到有个人把食物
调配在一起，
打起了火，
看着炒菜的炉子——
我看到这些但没有看到厨师。
告诉我，当你看的时候，
你看到的是厨师，还是有个人
做的事情被我们称为烹饪？

我们说有的人懒惰
另一些人说他们与世无争，
我们说有的人愚蠢
另一些人说他学习方法有区别。

> 不带评论的观察是人类智力的最高形式。

因此,我得出结论,
如果不把事实
和意见混为一谈,
我们将不再困惑。
因为你可能无所谓,我也想说:
这只是我的意见。

——鲁思·贝本梅尔

负面标签的消极影响很明显——例如用"懒惰"和"愚蠢"这样的词形容人。然而,正面或中性的标签也会妨碍我们全面了解一个人,例如用"厨师"一词定义人。

人类智力的最高形式

印度哲学家克里希那穆提(J. Krishnamurti)曾经说,"不带评论的观察是人类智力的最高形式。"第一次听到这个观点时,"胡说八道"这个想法在我脑中一闪而过——在不知不觉中,我作出了评论。对于大多数的人来说,观察他人及其行为,而不评判、指责或以其他方式进行分析,是难以做到的。

在为一个小学提供咨询服务时,我对此有了深刻的体会。这个学校的教师和校长经常反映彼此很难沟通。于是,学区负责人请我协调双方的矛盾。我先和全体教师交谈,然后请校长来参加讨论。

会谈一开始,我就问:"校长的哪些行为不符合你们的需要?""他是个大嘴巴。"有人马上回答。我的问题是想了解他们的观察——校长说了什么或做了什么,而"大嘴巴"只是这位教师对校长的评价。

在我指出这一点后,第二位教师补充说:"我知道他是什么意思。校长的话太多了!"这仍是一个评论——评论校长话多还是话少。随后,第三位教师说:"他认为只有他的话有价值。"我解释说,推测别人想什么与观察他的行为并不是一回事。最后,第四位教师也表明了看法:"他希望所有的人都一直听他讲话。"当我说这也是猜测时,有两位教师脱口而出:"你的问题真难回答啊!"

接着,我们注意区分观察和评论,一起列出了校长的具体行为。例如,在全体教员会议中,校长会讲他的童年和战时经历,有时导致会议超时20分钟。我问他们是否已向校长反映问题,他们说,他们试过,但从没有提及具体行为——例如校长在会议中回忆往事。最后,他们同意,在校长参加讨论时,指出这些行为。

与校长的会谈开始后,我很快就发现教师们一直在说的事情。不论讨论的主题是什么,校长总是插话:"这让我想到……"然后,他就开始讲他的童年和战时经历。我等着教师们说出他们的不快。然而,他们运用的不是非暴力沟通,而是无声的抗议。一些人滴溜溜转着眼睛;另一些人故意打着哈欠;还有个人直盯着手表。

我忍耐着这痛苦的场面,过了一会儿,我问道:"没有人有话要说吗?"接着是有些别扭的沉默。后来,在之前会谈中率先发言的那位教师鼓起勇气,冲着校长说:"你是个大嘴巴!"

可见,不受旧习惯束缚,学会区分观察和评论,并不容易。最后,教师们终于告诉校长,他在做哪些事时,他们会感到不安。校长听后抱怨说:"为什么从没有人提醒我呢?"他承认他有讲故事的习惯。然而,他接着就开始说与这个习惯有关的故事！这时，我提醒了他。会谈结束时，我们总结了几个办法。一旦教师们不想听校长回忆往事，就温和地提醒他。

区分观察和评论

在以下的表格中，我举例说明如何区分观察和评论。

表达方式	观察和评论被混为一谈	区分观察和评论
使用的语言没有体现出评论的人对其评论负有责任。	你太大方了。	当我看到你把吃午饭的钱都给了别人，我认为你太大方了。
把对他人思想、情感或愿望的推测当作唯一的可能。	她无法完成工作。	我不认为她能完成工作。或她说："我无法完成工作。"
把预测当作事实。	如果你饮食不均衡，你的健康就会出问题。	如果你饮食不均衡，我就会担心你的健康会出问题。
缺乏依据	米奇花钱大手大脚。	米奇上周买书花了一千元。
评价他人能力时，把评论当作事实。	欧文是个差劲的前锋。	在过去的5场比赛中，欧文没有进一个球。
使用形容词和副词时，把评论当作事实。	索菲长得很丑。	索菲对我没有什么吸引力。

注意："每次""曾"等词语在以下句子中表达的是观察结果。

- 我看安迪打了几次电话,每次都至少打半小时。
- 我不记得你曾写信给我。

"总是"、"从不"等词语在以下句子中表达的是评论。

- 你总是很忙。
- 在需要她的时候,她从不出现。

如果我们的表达言过其实,别人就可能产生逆反心理,而不愿作出友善的回应。

"经常"和"很少"这样的词语也可能混淆观察和评论。

评论	观察
你很少配合我。	我最近组织了三次活动,每次你都说你不愿参加。
他经常过来。	他每周最少过来三次。

小 结

非暴力沟通的第一个要素是观察。将观察和评论混为一谈,别人就会倾向于听到批评,并反驳我们。非暴力沟通是动态的语言,不主张绝对化的结论。它提倡在特定的时间和情境中进行观察,并清楚地描述观察结果。例如,它会说"欧文在过去的5场比赛中没有进一个球",而不是说"欧文是个差劲的前锋"。

非暴力沟通实例
"我们遇到的最傲慢的演讲者"

以下的对话来自我主持的一个研讨班。在讲解了半小时后，我停下来请学员反馈意见。这时，有个人举起了手，他说："你是我们遇到的最傲慢的演讲者！"

如果有人这样对我说话，我的反应有几种可能。其中之一是认为自己确实有问题。我知道，一旦我想为自己辩护或开脱，我就默认了自己有问题。另一种反应是把对方的话视为攻击而给予反击。这一次，我既没有辩解也没有指责对方，而用心理解为什么他会这么说。

我：（猜测他的观察结果）"你这么说，是针对我讲了半小时才请你们发表意见？"
他："不是。是因为你把事情说得太简单了。"
我：（请他澄清）"那么，针对的是，我没有说有些人可能难以运用这个模式？"
他："不，不是有些人，而是你自己！"
我："那么，你这么说是针对我没有提到有时我也很难运用这个模式？"
他："正是。"
我："你感到不高兴是因为你希望我在前面的讲演中提到我的困难？"
他：（停了一下）"正是。"

我：（了解他的感受和需要后，我开始关注他的请求。）"你希望我现在就承认有时我也很难运用这个模式？"

他："是的。"

我：（了解他的观察、感受、需要和请求后，我问自己是否愿意满足他的请求。）"是的，使用这个模式，我经常会遇到困难。在这个研讨接下来的时间里，你也许会听到我介绍我遇到的几次困难……有时甚至是完全忘记我刚才提及的模式……是什么使我继续努力运用它呢？那是因为一旦我成功运用它，我与他人的感情就加深了。"

练习一：观察或评论？

完成以下的练习，看看自己是否可以熟练区分观察和评论。请标出那些只是描述观察结果而不含任何评论的句子。

1. "哥哥昨天无缘无故对我发脾气。"
2. "昨晚妹妹在看电视时啃指甲。"
3. "开会时，经理没有问我的意见。"
4. "我父亲是个好人。"
5. "迈克的工作时间太长了。"
6. "亨利很霸道。"
7. "本周彼得每天都排在最前面。"
8. "我儿子经常不刷牙。"
9. "里奇告诉我，我穿黄色衣服不好看。"
10. "姑姑在和我说话时爱发牢骚。"

郝思蒙 11 岁
"我要把这幅画送给我的妈妈,
希望她每天都开心快乐,这也是我对妈妈爱的表达。"

以下是我对练习一的理解：

1. 如果你认为这一句是观察，我们意见不一致。我认为"无缘无故"是评论。此外，我认为说哥哥发脾气了也是评论。他也可能是感到害怕、悲伤或别的。以下例句描述了观察结果而不含任何评论："哥哥告诉我，他生气了。"或是"哥哥用拳头砸了一下桌子。"

2. 如果你认为这一句是观察，我们意见一致。

3. 如果你认为这一句是观察，我们意见一致。

4. 如果你认为这一句是观察，我们意见不一致。我认为"好人"是评论。以下例句描述了观察结果而不含任何评论："在过去的 25 年中，父亲将他工资收入的十分之一捐给了慈善机构。"

5. 如果你认为这一句是观察，我们意见不一致。我认为"太长了"是评论。以下例句描述了观察结果而不含任何评论："本周迈克在办公室工作了 60 小时以上。"

6. 如果你认为这一句是观察，我们意见不一致。我认为"很霸道"是评论。以下例句描述了观察结果而不含任何评论："亨利在他姐姐换电视节目频道时，撞了她一下。"

7. 如果你认为这一句是观察，我们意见一致。

8. 如果你认为这一句是观察，我们意见不一致。我认为"经常"是评论。以下例句描述了观察结果而不含任何评论："本周我儿子有两次没刷牙就上床睡觉。"

9. 如果你认为这一句是观察，我们意见一致。

10. 如果你认为这一句是观察，我们意见不一致。我认为"爱发牢骚"是评论。以下例句描述了观察结果而不含任何评论："本周姑姑给我打了三次电话，每次都说别人不尊重她。"

面 具

总是一副面具
由纤细白皙的手举着
挡在脸前,

那轻轻举着面具
的手腕
十分灵巧:
虽然有时
有点颤抖,
指尖抖动,
但总是
能把面具举好。

年复一年我不禁好奇
但不敢问
终于
无意中
看到了面具背后
却
什么也没有。
她没有脸。

她已成了
优雅地
举着面具的手。

——佚名

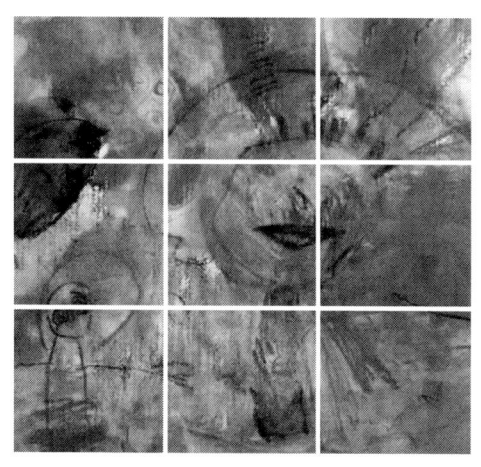

第四章 体会和表达感受

非暴力沟通的第二个要素是感受。心理学家罗洛·梅（Rollo May）认为："成熟的人十分敏锐，就像听交响乐的不同乐章，不论是热情奔放，还是柔和舒缓，他都能体察到细微的起伏。"然而，根据罗洛·梅的叙述，大多数人的感受"像军号声那样单调"。

被压抑的心灵

我在美国学校学了 21 年，却想不起有什么人问过我的感受。人们认为感受是无关紧要的，重要的是各种权威主张的"正确思想"。于是，我们被鼓励服从权威而非倾听自己。渐渐地，我们习惯于考虑："人们期待我怎么做？"

9 岁那年，有一天放学后，几个男孩在校外等着打我。我躲在教室不敢回家。老师发现后，叫我离开学校。我说我很害怕，她教训说："男孩子不要胆小怕事。"几年后，作为运动员，我的感受更显得微不足道。教练们特别看重运动员"全力以赴"的精神——即使身体经受着剧痛，也要继续比赛。有一次，我的手腕骨折了，没有接受任何治疗，忍痛打了一个月的棒球。

在一次研讨班中，一位大学生说，室友将音响的声音放得很大，他怎么也睡不着。我询问他当时的感受，他说："我觉得在晚上不该这么大声。"我提醒他，虽然他用"觉得"这个词，但他表达的是看法而非感受。我请他再试着表达感受，这一次，他说："声音太大了就会打扰到别人。"我向他解释，这依然是看法而非感受。他想了想，斩钉截铁地说："我没什么感受！"

很明显，他有强烈的感受。不幸的是，他体会不到，更不用说表达它们了。体会和表达感受并不容易。根据我的观察，对于从事律师、工程师、警察、经理等职业的人来说，尤为困难——表达感受与他们的职业形象相冲突。在家庭中，如果家庭成员无法表达情感，那是很悲哀的。西部乡村音乐的代表人物瑞芭·麦克英特尔在她父亲去世后写了一首歌：《我所不知道的最伟大的人》，这首歌引起许多人的共鸣——他们渴望与父亲沟通情感，却又做不到。

我常听到这样的声明："我不想误导你，我的男人真的很棒，但我从不了解他的感受。"有一次，一对夫妻一起参加了一个研讨班，期间，太太对先生说："我觉得我嫁给了一堵墙。"先生的反应真的就像一堵墙：他坐在那里一动不动。太太气坏了，转向我，嚷道："看！他总是这样。坐在一边，闷声不响。和他过日子，就像对着一堵墙。"

"你是不是感到孤单，希望先生多体贴你呢？"我问道。在她表示认同后，我试图说明，"我觉得我嫁给了一堵墙"这种话很难提醒她先生留意她的愿望。一旦认为自己受到了指责，他很可能就会觉得委屈并退缩，这样，双方的关系甚至会更加疏远。例如，如果他感到伤心、沮丧，不作任何反应，在妻子的心目中，他就会真的像一堵墙。

表达内心的感受，不仅可以促进亲情，还可以改善工作。有一次，示弱有助于解决冲突。

瑞士一家大公司的技术部门找到了我。他们面临的难题是,其他部门的人不愿和他们打交道。其他部门的职员在接受调查时说:"我们不喜欢请教他们。那就像和一堆机器说话。"了解到这个情况后,我鼓励技术部门的职员更经常地表达感受。后来,情况有了好转。

另有一次,我应邀去协助一所医院的管理层。他们有一个项目需要医生的支持。可是,不久前,医生们以17∶1否决了那个项目。为了争取支持,他们准备再次举行医生会议。他们期待非暴力沟通能够促进他们与医生的沟通。

在模拟管理层与医生的对话时,我扮演的是管理人员的角色。我一开始就说:"再一次提到这个项目,我忐忑不安。"选择这样的开场白,是因为我注意到,管理层极为担心再次受挫。我还没来得及往下说,一位负责人就打断了我,"你太不现实了!我们决不能告诉医生我们感到不安。"

于是,我就问他,为什么这是绝不可能的事情。他脱口而出:"一旦我们示弱,他们就会更加盛气凌人。"对他的回答,我并不意外。毕竟,对于许多人来说,在工作时表达情感是无法想象的事情。然而,有位负责人还是决定试一试。这次,他不像平时那样面无表情地陈述观点——他不仅解释了医生改变立场的重要意义,而且还表达了内心的感受。医生的反应十分不同。他们非但没有"盛气凌人",而且还以17∶1通过了项目。这个戏剧性的转变提醒管理层,工作中示弱也有助于解决问题。

还有一次,我去给一些学生讲解非暴力沟通。第一天,我一走进教室,学生就安静下来,不再热烈交谈。我说:"早上好!"可是,一片沉默。我很不自在,但不好意思说出来。接着,我若无其事地开始上课:

区分感受和自我评价。

"本节课,我们将学习一种沟通模式。我希望,它能促进你们的家庭关系和友谊。"

我接着继续介绍非暴力沟通,但看起来没有人在听。有个女孩翻着包,从中掏出一把指甲锉,开始使劲修指甲。靠窗的学生把脸贴在玻璃上,仿佛街上发生了令人振奋的事情。我越发觉得不自在,但还是什么也没说。终于,有个学生突然插话——他显然比我更勇敢:"你讨厌黑人,不是吗?"我愣了一下,但马上意识到,我试图隐藏自己的不安促成了这种印象。

"我很紧张,"我坦白地说,"但不是因为你的肤色。而是因为我和大家是初次见面,我希望得到肯定。"示弱产生了积极影响。他们开始了解我、介绍他们自己,并询问有关非暴力沟通的问题。

区分感受和想法

在非暴力沟通中,我们注意区分感受和想法。

A. 想法。

● 我觉得我吉他弹得不好。

在这个句子中,我评价自己吉他弹得好不好,而没有表达感受。

B. 感受。

● 作为吉他手,我有些失落。

● 作为吉他手,我很郁闷。

● 作为吉他手,我烦透了。

如果认为自己吉他弹得不好,我可能会失落、郁闷或厌烦。

区分感受和判断。

当我们说"我觉得",我们常常并不是在表达感受,而是在表达想法。例如,有时我们会说:"我觉得这不公平。"在这句话中,"我觉得"换成"我认为"也许更恰当。以下是更多的例句:

- 我觉得你应该懂得更多。
- 我觉得自己很无能。
- 我觉得老板很卑鄙。
- 我觉得他很负责任。

还有些词表达的是想法,而非感受。例如:被抛弃、被羞辱、被虐待、被打扰、被拒绝、不受重视、被束缚、被欺负、无人理睬、得不到支持、无人赏识、被利用、被贬低。

以下是两个例句:

A. "我觉得我被误解了。"

"被误解"一词反映了我认为别人不理解我。此时,我可能会很着急。

B. "我觉得我被忽略了。"

"被忽略"是我们的判断。此时,如果想独处,我们就会很高兴;反之,如果想参加活动,就会感到难过。

建立表达感受的词汇表

清楚地表达感受需要丰富的词汇。"很好"或"很差"这样的词语很难让人明白我们实际的状况。例如,如果我们说"我感觉良好","良好"这个词所表达的感受可能是高兴、轻松、欣慰或别的。为了更好地沟通情感，非暴力沟通主张使用具体的语言。

为了清晰地表达感受，我们编制了以下的词汇表。

（1）下列词语可用来表达我们的需要得到满足时的感受：

兴奋　喜悦　欣喜　甜蜜　精力充沛　兴高采烈

感激　感动　乐观　自信　振作　振奋　开心

高兴　快乐　愉快　幸福　陶醉　满足　欣慰　心旷神怡
喜出望外

平静　自在　舒适　放松　踏实　安全　温暖　放心　无忧无虑

（2）下列词语可用来表达我们的需要没有得到满足时的感受：

害怕　担心　焦虑　忧虑　着急　紧张　心神不宁　心烦意乱

忧伤　沮丧　灰心　气馁　泄气　绝望　伤感　凄凉　悲伤

恼怒　愤怒　烦恼　苦恼　生气　厌烦　不满　不快　不耐烦
不高兴

震惊　失望　困惑　茫然　寂寞　孤独　郁闷　难过　悲观

沉重　麻木　精疲力尽　萎靡不振　疲惫不堪　昏昏欲睡
无精打采

尴尬　惭愧　内疚　妒忌　遗憾　不舒服

小　结

非暴力沟通的第二个要素是感受。通过建立表达感受的词汇表，我们可以更清楚地表达感受，从而使沟通更为顺畅。在表达感受时，示弱有助于解决冲突。此外，非暴力沟通还对表达具体感受的词语与陈述想法、评论以及观点的词语作了区分。

练习二　表达感受

看看以下的句子是否表达了感受。请标出那些表达感受的句子。

1. "我觉得你不爱我。"
2. "你要离开，我很难过。"
3. "当你说那句话时，我感到害怕。"
4. "如果你不和我打招呼，我会觉得你不在乎我。"
5. "你能来，我很高兴。"
6. "你真可恶。"
7. "我想打你。"
8. "我觉得我被人误解了。"
9. "你帮我的忙，我很开心。"
10. "我是个没用的人。"

以下是我对练习二的理解：
　　1. 如果你认为这一句是感受，我们意见不一致。我不认为"你不爱我"是感受。对我来说，它是对他人生活感受的判断。以下例句表达了感受："我很伤心"或"我十分痛苦"。
　　2. 如果你认为这一句是感受，我们意见一致。
　　3. 如果你认为这一句是感受，我们意见一致。
　　4. 如果你认为这一句是感受，我们意见不一致。我不认为"你不在乎我"是感受。对我来说，它是对他人态度的判断。以下例句表达了感受："我进来的时候，你没和我打招呼，我感到孤单。"

5. 如果你认为这一句是感受，我们意见一致。

6. 如果你认为这一句是感受，我们意见不一致。我不认为"可恶"是感受。对我来说，它是评价。以下例句表达了感受："我有些烦躁。"

7. 如果你认为这一句是感受，我们意见不一致。我不认为"想打你"是感受。对我来说，它表达的是想法。以下例句表达了感受："想到你，我就火冒三丈。"

8. 如果你认为这一句是感受，我们意见不一致。我不认为"被人误解"是感受。对我来说，它是对他人观点的判断。以下例句表达了感受："我感到郁闷"或"我很灰心"。

9. 如果你认为这一句是感受，我们意见一致。然而，"开心"这个词含义较为模糊。我们可以借助其他词语更清楚地表达自己。在这个例子中，发言者的感受可能是："欣慰"、"满足"或"鼓舞"。

10. 如果你认为这一句是感受，我们意见不一致。我不认为"没用的人"是感受。对我来说，它是发言者的自我评价。以下例句表达了感受："我很沮丧"或"我十分伤心"。

第五章　感受的根源

> 别人的行为可能会刺激我们，但并不是我们感受的根源。

听到不中听的话：四种选择

非暴力沟通强调，感受的根源在于我们自身。我们的需要和期待，以及对他人言行的看法，导致了我们的感受。

听到不中听的话时，我们有四种选择。

第一种是认为自己犯了错。例如，有人气愤地说："我从没见过像你这么自私的人！"这时，我们可能会自责："哦，我没有考虑别人的感受，真是太自私了！"这会导致我们内疚、惭愧，甚至厌恶自己。

第二种是指责对方。这时，我们也许会驳斥对方："你没有权利这么说！我一直都很在乎你的感受。你才自私！"在争吵时，我们一般会感到恼怒。

第三种是了解我们的感受和需要。这时，我们可能会发现我们有些伤心，因为我们看重信任和接纳。

第四种是用心体会他人的感受和需要。这时，我们也许就会想"他伤心可能是因为他需要体贴和支持"。

通过了解我们的需要、愿望、期待以及想法，我们不再指责他人，而承认我们的感受源于自身。

请注意以下例句表达失望的方式有何不同。

> 听到不中听的话的四种选择:
> 1. 责备自己 2. 指责他人 3. 体会自己的感受和需要 4. 体会他人的感受和需要

例1：

甲：你昨晚没来令我很失望。

乙：昨晚你没来，我很失望，因为我想和你说一些烦心事。

在上面的例句中，甲认为，她的感受是由他人的行为引起的。而乙认为，她感到失望，是因为她的愿望没有得到满足。

例2：

甲：他们取消了合同让我很不高兴。

乙：他们取消了合同，我很不高兴，因为我对自己说这是极不负责任的行为。

在这个例子中，甲认为，他人的行为使她不高兴；而乙认识到，她的观点使她不愉快。在非暴力沟通中，我们还鼓励乙进一步了解她的愿望：她的哪些需要、期待或价值取向没有得到满足？我们把愿望说得越清楚，他人也就越可能作出积极的回应。例如，乙可以这样表达她的愿望：

"他们取消了合同，我很不高兴，因为我想重新聘用我们在去年解聘的员工。"

如果我们想利用他人的内疚，我们通常采取的办法是，把自己不愉快的感受归咎于对方。家长也许会和孩子说："你成绩不好让爸爸妈妈伤透了心！"言下之意是，他们快乐或不快乐是孩子的行为造成的。看到父母的痛苦，孩子可能会感到内疚，并因此调整行为来迎合他们。遗憾的是，这种调整只是为了避免内疚，而非出自对学习的热爱。

使用以下表达方式时，我们可能就已经忽视了感受与自身的关系。

1）只提及相关的事情。
"公司海报出现拼写错误使我很生气。"
"这件事令我心神不宁。"
2）只提及他人的行为。
"我生日那天你没打电话，我很伤心。"
"你没有把饭吃完，妈妈很失望。"
3）指责他人。
"我很伤心，因为你说你不爱我。"
"我很生气，因为老板说话不算数。"

我们可以通过"我（感到）……因为我……"这种表达方式来认识感受与自身的关系。例如：

1）"看到公司海报出现拼写错误，我很不高兴。因为我重视公司的形象。"
2） "你没把饭吃完，妈妈感到失望。因为妈妈希望你能健康成长。"
3）"老板说话不算数，我很生气。因为我想有个长假去看弟弟。"

非暴力沟通需要：生命健康成长的要素

批评往往暗含着期待。对他人的批评实际上间接表达了我们尚未满

郭凝梓 5岁
"我哭了。"

足的需要。如果一个人说"你从不理解我",他实际上是渴望得到理解。如果太太说"这个星期你每天都工作到很晚,你喜欢工作,不喜欢我",那反映了她看重亲密关系。

如果我们通过批评来提出主张,人们的反应常常是申辩或反击。反之,如果我们直接说出需要,其他人就较有可能作出积极的回应。

不幸的是,大多数人并不习惯从需要的角度来考虑问题。在不顺心时,我们倾向于考虑别人有什么错。例如,如果孩子把外套放到了沙发上,而没有挂在衣柜里,我们可能就会说他们是懒虫。如果同事没有听从我们的建议,我们也许会指责他们不负责任。

有一次,我应邀调解南加州的一些农场主与工人的冲突。这些工人是外国移民,他们与农场主的矛盾越来越尖锐,争吵不断升级。会谈一开始,我就提出两个问题:"你们双方各有什么需要?为了满足这些需要,你们希望对方做什么?"一位农场工人喊道:"他们是种族主义者!"而一位农场主嚷道:"他们不尊重法律和秩序!"很明显,他们都在指责对方,而没有表达自己的需要。

还有一次,为了增进信任,一些以色列人和一些巴勒斯坦人走到了一起。在会谈开始时,我问了同样的问题:"你们现在需要什么?为了满足这些需要,你们希望对方做什么?"然而,一位巴勒斯坦人接着就说道:"你们的所作所为和纳粹一样!"这当然很难得到以色列人友善的回应。

一位来自以色列的妇女立即站起来驳斥他:"胡说八道!"他们来这里本来是为了改善关系,可是,他们的对话只是使关系变得更糟。发生这样的情况,一般是因为双方都习惯于指责对方。在这个例子中,如果这位妇女想表达她的需要和请求,她也许会说:"我希望我们能互相尊重。你刚才评论我们的行为方式,我想请你谈谈,你的评论针对的是怎样的行为?"

根据我长期以来的经验,一旦人们开始谈论需要,而不指责对方,他们就有可能找到办法来满足双方的需要。以下是一些我们每个人都有的基本需要:

1. 自由选择(Autonomy)

选择梦想/目标/方向 Choosing dreams/goals/values

自由制定计划来实现这些梦想、目标和方向

Choosing plans for fulfilling one's dreams, goals, values

2. 庆祝(Celebration)

庆祝生命的创造力以及梦想的实现

Celebrate the creation of life and dreams fulfilled

纪念人生的失落:亲人的去世或梦想的破灭等(表达悲伤)

Celebrate losses: loved ones, dreams, etc. mourning

3. 言行一致(Integrity)

真诚 Authenticity　创造 Creativity　意义 Meaning　自我肯定 Self–worth

4. 滋养身体(Physical Nurturance)

空气 Air　食物 Food　运动 Movement, exercise

免于病毒、细菌、昆虫及肉食性动物的伤害

Protection from life–threatening forms of life:

Viruses, bacteria, insects, Predatory animals

休息 Rest　住所 Shelter　触摸 Touch　水 Water

5. 玩耍（Play）

乐趣 Fun　欢笑 Laughter

6. 情意相通（Spiritual Communion）

美 Beauty　和谐 Harmony　激励 Inspiration　秩序 Order　平静 Peace

7. 相互依存（Interdependence）

接纳 Acceptance　欣赏 Appreciation　亲密关系 Closeness　社区 Community　体贴 Consideration　成长 Contribute to the enrichment of life

安全感 Emotional Safety　倾听 Empathy

诚实（诚实使我们能够认识和超越自己的局限性）

Honesty（the empowering honesty that enables us to learn from our limitations）

爱 Love　信心 Reassurance　尊重 Respect　支持 Support　信任 Trust

理解 Understanding

非暴力沟通把需要看作是有助于生命健康成长的要素，而不是某种具体的行为。一种要素是否被当作需要，关键在于它能否促进生命的健康成长。

难以承受的痛苦

社会文化并不鼓励我们表达个人需要。对于妇女来说，尤其如此。长期以来，妇女的形象和自我牺牲联系在一起。一旦把照顾他人当作最高职责，她们也就会倾向于忽视个人的需要。

在一次研讨班中，我们就社会文化对妇女的影响展开了讨论。在社会文化的影响下，许多妇女在表达请求时感到别扭，好像做错了什么。例如，她可能不会说："我今天累坏了，晚上想休息。"相反，她的话听起来也许就像是辩护词："你知道我一整天都没歇过，我熨了所有的衬衣，把这周的脏衣服都洗了，准备了午餐和晚餐，还出去买了东西……你是否可以……?""不！"她委婉的请求非但没有被接受，反而马上被拒绝了。她试图证明她应当获得某种权利。然而，对方的拒绝似乎再次表明她的需要微不足道。如果我们不看重自己的需要，别人可能也不会。实际上，如果直接说出需要，获得积极回应的可能性就会增加。

在另一次研讨班中，一些女士谈到对表达个人需要的畏惧。我母亲参加了那次研讨班。她突然站了起来，离开了房间，很久都没有回来。回来时，她脸色很苍白。我问道："妈妈，你还好吗?"

"还好，"她回答说，"刚才想起了一件事情，心里极为难受。"

"什么事情?"

"36年来，我一直在生你父亲的气，我认为他不在乎我的感受。我终于意识到，我从没有和他说我想要什么。"

是的。在我的记忆中，她总是委婉地表达自己，而不直接说她需要什么。

为什么会这样呢？她回忆说，小时候家里极为贫困，只要她想拥有一点东西，哥哥和姐姐就会教训她："你知道家里很穷，怎么还这么贪心！你以为家里就你一个人?"于是，她也就不敢说她需要什么。

有一次，她妹妹在阑尾手术后得到了一个漂亮的小钱包。妈妈那时14岁。她是多么想要那样一个装饰有小珠子的钱包啊！但她不敢说。接下来发生什么呢？她假装病痛，并一直隐瞒家人。家里人带她去看了几个医生。医生无法作出诊断，于是就决定做手术检查。对妈妈来说，这太冒险了。不过，她最后如愿以偿，得到了一个一模一样的小钱包。收到礼物的喜悦让她暂时忘记了手术后身体的痛苦。接着，有两个护士走进了病房，其中一个把温度计放在她的嘴里。妈妈这时把钱包递给另一个护士看。护士很惊讶，说道："哦。给我的？为什么？谢谢！"她收下了钱包！妈妈不知所措，她不知道该怎么告诉那位护士："我不是这个意思，请把钱包还给我。"这个不幸的故事告诉我们，一个人如果无法说出自己的需要，会是多么的痛苦！

从"情感的奴隶"到"生活的主人"

对于大多数的人来说，个人成长一般会经历三个阶段。

第一阶段："情感的奴隶"

在这个阶段，我们相信自己需要为他人负责——让他人快乐是我们的义务。如果别人不高兴，我们就会感到不安，觉得自己有责任做点什么。此时，我们特别容易把亲人看作是负担。

显然，这会伤害到彼此的关系。我常听人这样谈论亲密关系："我真的害怕与人亲近。每次看到伴侣处于痛苦之中，我就极为沮丧，感到窒息，甚至认为自己是一个囚犯。于是，我就想尽快摆脱这段关系。"许多人认为，爱情就是牺牲自己来满足爱人的需要。刚谈恋爱时，他们对恋人的关心是自发的。那时，彼此的相处是那么地惬意、融洽和美好。然而，随着关系变得"严肃"，他们开始认为自己有责任让情人过得开心。于是，爱情开始沉重起来。

一旦面临这样的情形，我就会承认："在恋爱中，我无法忍受丧失独立性。如果恋人过得很糟糕，我就会认为自己做得不够。我可能会由于不堪重负而提出分手。"然而，如果意识不到感受的根源在于自身，我可能就会指责恋人："你太依赖我了，我能力有限，我们分手吧！"此时，如果我的朋友能够倾听我的痛苦，她也许会说："你认为你必须照顾好我。这让你觉得自己失去了自由，是吗？"如果她反过来指责我："我的要求过分了吗？"那么，我们的关系很可能就会陷入僵局，甚至难以为继。

第二阶段："面目可憎"

在这个阶段，我们发现，为他人的情绪负责，牺牲自己迎合他人，代价实在很大。想到日子过得这么憋屈，我们可能会很恼怒。此时，如果遭遇他人的痛苦，我们可能就会无动于衷："这是你自己的问题！和我有什么关系？！"虽然不再愿意为他人负责，但我们还心存疑虑。因此，我们的态度也就显得生硬。

有一次，一位女士在研讨班的休息时间兴奋地说，她很高兴认识到自己也曾是"情感的奴隶"。研讨班重新开始后，我建议大家做一个活动。这位女士坚决地说："我想做点别的。"我意识到，她在捍卫她选择的自由——即使她的选择会与其他人的需要相冲突。

于是，我就问她："你想做点别的，即使那会与我的需要相冲突？"她想了想，然后结结巴巴地说："是……嗯……不是。"她的困惑反映了表达自己的需要只是个人成长的一个阶段。

这里，我想讲讲我女儿玛拉的经历。她以前是个"有礼貌的小女孩"，对别人的要求，总是百依百顺。她习惯于委屈自己来迎合他人。

> "生活的主人"——我们对自己的意愿、感受和行动负完全的责任。

注意到这个情况后,我想鼓励她大胆地说出心里话。当我告诉她我的看法,她哭了。她很无奈地说:"但是,爸爸,我不想让任何人失望!"我回答说,真诚待人比委曲求全更为可贵。如果别人感到不安,我们可以认真地倾听,但无须责备自己。

不久以后,我就发现玛拉有了变化。有一次,她学校的校长打电话给我。他告诉我,他在学校和玛拉说"校内不能穿牛仔裤",玛拉没好气地回答"见鬼去吧,你"。我很高兴,玛拉终于能够说出心里话。当然,她还要学着尊重他人的需要——我相信,这只是时间问题。

第三阶段:"生活的主人"

在这个阶段,我们乐于互助。我们帮助他人,是出于爱,而不是出于恐惧、内疚或惭愧。那是自由而快乐的行为。此时,我们意识到,虽然我们对自己的意愿、感受和行动负有完全的责任,但无法为他人负责。我们还发现,人与人相互依存,损人无法真正利己。非暴力沟通正是想帮助我们既表达自己,又关心他人。

小 结

他人的言行也许和我们的感受有关,但并不是我们感受的起因。感受根源于我们自身的需要——非暴力沟通的第三个要素。听到不中听的话时,我们可以有四种选择:1) 责备自己;2) 指责他人;3) 体会自己的感受和需要;4) 体会他人的感受和需要。

对他人的指责、批评、评论以及分析反映了我们的需要和价值观。如果我们通过批评来提出主张,人们的反应常常是申辩或反击。反之,如果直接说出我们的需要,其他人就较有可能作出积极的回应。

社会文化并不鼓励我们揭示个人需要。对妇女来说,尤其如此。因为她们的形象常常和无私奉献联系在一起——这是社会对女性的期待。

对于大多数人来说,个人成长一般会经历三个阶段:(1)"情感的奴隶"——我们认为自己有义务使他人快乐;(2)"面目可憎"时期——此时,我们拒绝考虑他人的感受和需要;(3)"生活的主人"——我们意识到,虽然我们对自己的意愿、感受和行动负有完全的责任,但无法为他人负责。与此同时,我们还认识到,我们无法牺牲他人来满足自己的需要。

非暴力沟通实例
"让私生子女像以前那样见不得人!"

一位女士是救济食品发放中心的志愿者。有一天,她的同事在读报时气冲冲地说:"我们需要让私生子女像以前那样见不得人!"

在过去,听到不同意见,她一般只会在心里嘀咕对方的不是。这一次,她试着运用非暴力沟通进行交流。

女士:(首先试图了解同事的观察……)"你在读有关'少女妈妈'的报道?"
同事:"是的。真不可思议!有这么多少女未婚先孕!"

女士：（接着了解她的感受和需要）"你担心她们的孩子没有良好的家庭环境？"

同事："当然！你知道吗？如果我那样做，我父亲会杀了我！"

女士："哦，看起来在过去少女未婚先孕后果极为严重？"

同事："是的！我们知道怀孕意味着什么！我们总是担惊受怕，而这些女孩却毫无顾忌。"

女士："你希望她们能有所顾忌？"

同事："至少恐惧和惩罚会起到一些作用！报道说有些女孩为了怀孕去和不同的男人睡觉！然后，她们生了孩子，由我们来买单！"

此时，这位女士注意到两种不同的感受：1. 对一些女孩故意怀孕感到震惊；2. 对纳税人需要养育她们的孩子感到愤怒。她选择先关注第一种感受。

女士："现在的人不顾名誉、后果和经济状况就未婚先孕，你很难接受这个事实？"（一般来说，在存在多种感受的情况下，一个人会诉说那些还没有得到倾听的感受。因此，倾听的人无须一开始就对各种感受同时作出反馈，而可以自然地从一种感受过渡到另一种。）

同事："是的，你说最后是谁为这些孩子买单？"

女士："你希望你纳的税能有更好的用途，是这样吗？"

同事："那当然！我儿子和儿媳想再要一个孩子。可是，培养孩子太花钱了，虽然他们都有工作，但还是做不到！"

女士："你想要一个孙子，是吗？"

同事："是的，但不只是我想要……"
女士："……你还希望儿子能过上称心如意的生活……"（她继续倾听，让同事充分表达感受和愿望。）
同事："是的。只有一个孩子是很可悲的。"

此时，这位女士感到同事已经平静了下来。她们沉默了片刻。她惊讶地发现，虽然她并不赞同同事的观点，但心中已无任何不满。接着，她通过非暴力沟通的四个要素表达她的看法。

女士："听到你说'我们应该让私生子女像以前那样见不得人'（观察），我有些担心（感受），因为我希望我们每个人都乐于助人（需要）。来这里领取食物的人，有些就是'少女妈妈'（观察），我希望她们能喜欢这里（需要）。你是否愿意告诉我，小莉和她男友进来时，你是什么心情？（请求）"

她们又谈了一会儿。最后，这位女士确信，她的同事也很关心那些青少年，并热情提供服务。更为重要的是，她发现，她同时满足了自己诚实和互相尊重的需要。

与此同时，她的同事也感到欣慰，因为她充分表达了对青少年未婚先孕的忧虑。通过不带敌意地分享彼此的观念，她们增进了理解，发展了友谊。如果没有运用非暴力沟通进行交流，她们的关系也许就会开始恶化。

练习三　需要和感受的关系

看一看，在以下例句中，发言者是否对自己的感受负责。

1. "你将公司机密文件放在了会议室。太令我失望了。"
2. "你这么说，我很紧张。我需要尊重。"
3. "你来得这么晚，让我很郁闷。"
4. "你无法来吃晚饭，我很难过。我本来想和你好好聊一聊。"
5. "我很伤心。因为你没有做你答应我的事情。"
6. "我很沮丧。我希望我的工作已经取得更大的进展。"
7. "朋友叫我外号让我很难过。"
8. "你得奖了，我很高兴。"
9. "你嗓门那么大，吓死人了。"
10. "你让我搭你的车回家，我很感激。因为我想比孩子们先到家。"

以下是我对练习3的看法：

1. 如果你选择这一句，我们意见不一致。对我来说，这句话意味着他人的行为导致了发言者的感受。以下例句体现了发言者对自己的感受负责："你将公司机密文件放在了会议室，我很失望。因为我希望重要文件能够得到妥善保管。"

2. 如果你选择这一句，我们意见一致。

3. 如果你选择这一句，我们意见不一致。以下例句体现了发言者对自己的感受负责:"你来晚了,我很郁闷。因为我希望我们能坐到前排去。"

4. 如果你选择这一句,我们意见一致。

5. 如果你选择这一句,我们意见不一致。以下例句体现了发言者对自己的感受负责:"你没有做你答应我的事情,我很失望。因为我希望我可以信任你。"

6. 如果你选择这一句,我们意见一致。

7. 如果你选择这一句,我们意见不一致。以下例句体现了发言者对自己的感受负责:"朋友叫我外号,我会感到难过,因为我想得到欣赏。"

8. 如果你选择这一句,我们意见不一致。以下例句体现了发言者对自己的感受负责:"你得奖了,我很高兴。因为我希望你能得到公司的赏识。"

9. 如果你选择这一句,我们意见不一致。以下例句体现了发言者对自己的感受负责:"你大声说话时,我有些烦。我需要安静的环境来学习。"

10. 如果你选择这一句,我们意见一致。

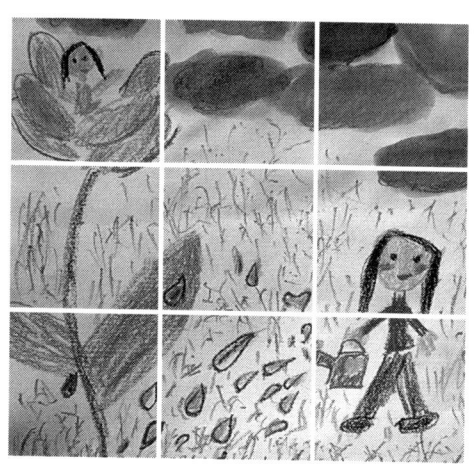

第六章　请求帮助

我们在前几章介绍了非暴力沟通的三个要素：观察、感受和需要。在本章中，我们将讨论非暴力沟通的第四个要素：请求。在表达观察、感受和需要之后，我们请求他人的帮助。以什么样的方式提出请求容易得到积极回应呢？

提出具体的请求

首先，清楚地告诉对方，我们希望他们做什么。如果我们请求他人不做什么，对方也许会感到困惑，不知道我们到底想要什么。而且，这样的请求还容易引起别人的反感。

在一次研讨班中，一位女士谈道："我请我先生少花一些时间在工作上。三个星期后，他和我说，他已经报名参加高尔夫球比赛。"这位女士说出了她不想要什么——她不希望先生花太多的时间在工作上，但没有说清楚她想要什么。于是，我们鼓励她直接说出愿望，她想了想，说道："我希望他每周至少有一个晚上在家陪我和孩子。"

在越战期间，我被邀请去参加电视辩论。晚上在家看节目的录像带时，我十分不安，因为我很不喜欢自己的辩论方式。我告诫自己："在下一次辩论时，决不能再这么被动。"请注意，我只是提醒自己要避免出现什么，而没有提醒自己主动做些什么。

一周以后，这个节目邀请我去继续上一次的辩论。在去演播室的路上，我不断地提醒自己不要犯同样的错误。节目一开始，对手就按其上周的方式展开了辩论。他结束讲话后，大概有10秒，我努力控制自己不要按原来的方式进行回应。于是，我坐在那里，一句话也没说。可是，我一开始辩论，就发现我回应对手的方式和上次一模一样。这个教训使我明白了：如果我只是提醒自己要避免什么，而不清楚自己可以做什么，会有怎样的后果。

另有一次，我应邀去协调一些高中生与他们校长的矛盾。这些高中生对校长极为不满。他们认为他是种族主义者，并准备找机会报复他。一位牧师担心会出现暴力，就请我去协调矛盾。出于对这位牧师的尊重，他们表示愿意与我见面。

一开始，他们就举例说明为什么他们认为校长是种族主义者。听完几个例子后，我请他们讲讲他们希望校长具体怎么做。

此时，一位学生不屑地说："这有什么用吗？每一次和他说我们的想法，他总是说'离开这里！我不需要你们这些人告诉我该做什么！'"

接着，我向他们了解，他们向校长提出了什么请求。他们回忆说，他们希望校长不要对学生的长发说三道四。对此，我的看法是，如果他们说出希望校长做的事，而不是不希望他做的事，他们就较有可能得到积极的回应。此外，他们还提出，他们希望得到公平的对待。然而，校长的答复是，他对学生十分公平。我评论说，如果他们请求的是具体的行动，而非抽象的"公平对待"，那么，他们就较有可能得到满足。

于是，我和学生们一起列出了他们的具体请求，共有38项。其中包括:"我们希望黑人学生代表可以参加校服标准的制定。""在你提到我们时,我们希望你用'黑人学生',而不是'你们这些人'。"第二天,他们向校长提交了书面请求。当晚,他们就在电话中兴高采烈地告诉我,校长同意了所有的请求!

我们提出的请求越具体越好。如果我们的意思含糊不清,别人就难以了解我们到底想要什么。有一幅卡通画描述的是一个人掉到了湖里。在湖中挣扎时,他冲着岸上的狗喊道:"快去求助!"在第二幅画中,这只狗躺在精神病医生的诊断台上。这个故事反映了人们对于"帮助"的含义可能存在不同的看法。

此外,使用抽象的语言还会使我们无法深入了解自己。请求他人采取具体的行动将揭示我们的动机。一对夫妇在参加非暴力沟通研讨班时发生了争吵。太太对先生说:"我认为你应该让我成为我自己。"先生反驳:"我没有吗?"太太气冲冲地说:"你当然没有!"于是,先生就问太太她到底想要什么,太太回答说:"我希望你给我自由!"然而,这样的请求还是过于抽象,不具有可操作性。当她试图澄清她的请求时,她突然意识到了她想要什么。她说:"不好意思。准确地说,我希望,不论我做什么,你都能点头称是。"

有一次,我为一对父子提供心理咨询服务。在咨询的过程中,父亲对年仅15岁的孩子说:"我只是希望你能有一点责任感。这个要求难道过分吗?"这时,我请他说明,他的儿子怎样做才算是有责任感。于是,他就向我解释他对孩子的期待。最后,这位父亲说:"当我说我希望他能有点责任感时,我实际的意思是,他要听话,而不要固执己见。"他承认,即使他的孩子真的很听话,也不能说明他是否有责任感。

抽象的语言无助于深化自我认识。和这位父亲一样,在使用抽象的

张行健 7岁
"我觉得花也是有生命的,我希望它发芽、给它浇水、盼望它开花,它应该能感到的,就像我能感到爸爸、妈妈、老师给我的爱。"

语言表达愿望时，我们一般不会提及我们可以做的事情。例如，为了了解企业的实际情况，公司经理对员工说："我希望你们和我在一起时，不要有什么压力，什么话都可以说。"这句话反映了管理者希望员工"不要有什么压力"。如果管理者想让他的请求更具建设性，他可以说："你们是否可以告诉我，我怎样做，你们在和我谈话时才能放得开？"

最后，我想再举例说明抽象的语言如何妨碍了自我认识及与人交流。当我从事临床心理医生这一职业时，有许多人由于情绪低落而向我求助。以下是我和一个来访者的对话：

我："你想要得到什么呢？"

她："我不知道我想要什么。"

我："我猜你会这样说。"

她："为什么？"

我："我认为，我们感到沮丧是因为我们未能实现自己的愿望。可是，我们努力去实现梦想了吗？社会总是期待我们成为好男孩或好女孩、好父亲或好母亲。如果我们依照社会的期待去做，我们感到沮丧也就不是什么令人吃惊的事情了。沮丧是我们为了迎合社会而付出的代价。如果你要过得快乐些，我想请你想想，为了改善你的生活，你希望他人做些什么？"

她："我只是希望有人关心我。这没有什么不合理，不是吗？"

我："这是一个好的开始。现在我想请你谈谈其他人怎么做才是关心你。例如，我现在可以做些什么吗？"

她："哦，你知道的……"

我："可是，我并不清楚你具体期待什么。我希望你告诉我，我或别的人怎么做,才是按你期待的方式来关心你?"

她:"这很难说清楚。"

我:"是的,说清楚我们的请求有时是很困难的。可是,让我们想想,如果我们都不清楚自己想要什么,那对别人来说,就更难了!"

她:"我开始明白我希望别人怎么关心我,不过,我不太好意思说出来。"

我:"是的,这经常是令人尴尬的。你愿意告诉我你期待我或别的人做什么吗?"

她:"当我说需要别人的关心时,我实际想要的是,即使我还没有察觉到自己的需要,其他人就能考虑到我的需要。而且,我希望我总是能得到这样的照顾。"

我:"谢谢。如果是这样,我相信你已经明白了你的愿望很难实现。"

　　许多来向我求助的人后来发现,他们感到沮丧或灰心,很大程度上是因为他们不清楚自己对他人究竟有什么样的期待。

明确谈话的目的

　　有的时候,我们并不需要直接提出请求。比如说,在房间里看电视的孩子叫道:"妈,我口渴了。"在这种情况下,很明显,她是希望妈妈给她拿饮料。

　　然而,在另一些时候,我们也许只是说出我们的不快,却误以为别人知道我们想要什么。例如,一位太太和先生说:"我叫你带瓶酱油回来，可是你忘了。好烦啊！"也许，太太是希望先生马上出去买酱油。但她先生可能会以为她只是在指责他。如果我们只是表达自己的感受，别人可能就不清楚我们想要什么。

更为常见的是，我们在说话时，并不知道自己想要什么。表面上，我们是在与人谈话，实际上，更像是自说自话。这时，我们的谈话对象可能就不知道如何回应，甚至会感到局促不安。

有一次，我乘火车去机场，坐在我正对面的是一对夫妇。对于赶飞机的人来说，慢速行驶的火车是十分烦人的。过了一会儿，对面的那位先生就气冲冲地对太太说，"我从没有见过开得这么慢的火车！"他太太看起来有点不知所措，什么话也没说。通常，大多数的人在没有得到期待的反馈时，会将所说的话重复一遍。这位先生也是如此。接着，他就高声喊道："我从没有见过开得这么慢的火车！"

太太看起来更加局促不安。她转过头去，和他说："这趟列车行驶的速度是由程序控制的。"我不认为，她先生会对这样的回答感到满意。事实上，她先生更为恼怒，更大声地嚷道："我从没有见过开得这么慢的火车！"这时，太太终于失去了耐心，厉声地说："那你想我怎么样？下去推火车？"于是，两个人都处于痛苦中！

这位先生想听到什么呢？我相信他想要的是理解。如果他太太意识到这一点，她也许会说："你希望火车开得快一点，是担心误机吗？"

在之前的对话中，太太感到了先生的不安，但不清楚他想要什么。然而，如果一个人提出了明确的请求，却没有提及感受和需要，也有可能导致交流的困难。例如，如果父母问"为什么还不去理发呢"，孩子一般会把它看作是命令或指责。如果父母想避免误解，那么，他们可以先说出感受和需要："你的头发这么长，我们担心这会影响你的视线，特别是在骑自行车的时候。去理发好吗？"

有些人也许会说，"我没有什么请求，只是随便聊聊。"然而，我相信，我们在和另一个人说话的时候，总是希望有所回应。也许，我们想要的只是他人的理解——就像那位乘火车去机场的先生，我们希望有人倾听并了解我们的处境。或者，我们期待的是如实的反馈——我们想了解他人的真实想法。当然，有时我们希望他人采取某种行动。对自己的认识越深刻，表达越清楚，我们就越可能得到称心的回应。

请求反馈

我们的意思和别人的理解有时可能是两回事。如果无法确定对方是否已经明白，我们可能就需要得到反馈。请求反馈能确保对方准确把握我们的意思。有时，问一句"我的意思清楚吗"，然后，对方表个态就足够了。在另一些时候，听到"是的，我明白你的意思"这样的回答，我们并不放心。为了确保对方确实明白我们的意思，我们希望他充分表达他的理解。这样，一旦他的理解与我们的意思有所不同，我们就有机会作适当的补充。

例如，一位老师和她的学生说："托尼，今天批改作业时没有看到你的作业本。我想知道，你是否清楚我上次布置的作业。放学时，来我办公室一下好吗？"托尼咕噜了一句："好，知道了。"然后，他就转过身去，准备离开了。老师站在那里，不清楚学生是否已经明白她的意思。于是，她叫住他："麻烦你说一遍我刚才请你做的事情好吗？"托尼回答说："放学后，我没法看足球赛了，因为你要把我留下来做作业。"

> 当对方给予反馈，表达我们的感激。
> 如果对方不愿反馈，倾听他的感受和需要。

老师发现托尼并没有听明白她的意思，她准备作出解释。这时，她很注意她的方式。

像"你没有听明白""这不是我的意思""你听错了"这样的表达，很可能会让托尼觉得老师在批评他。因为托尼很坦率地作出反馈，这位老师先向托尼表达了她的谢意。她说："谢谢你给我反馈。我想我说得不够清楚。我的意思是，放学后，我给你讲讲我上次布置的作业。"

第一次请求他人给我们这样的反馈时，我们也许会有点不自然。因为在生活中，我们很少提出这种请求。在强调这样做的重要性时，我常听到人们表达保留意见。他们担心，有的人也许会说"难道我是聋子？"或者"不要在我这里卖弄你的沟通技巧"。为了避免这种反应，我们可以先解释我们的目的——我们是为了了解我们是否已经把意思说清楚了。然而，如果对方说"我已经明白了，我没有那么蠢！"那么，我们可以体会他的感受和需要，并表达对他的尊重及我们的需要。

了解他人的反应

在确认对方已经明白后，我们常常会急于了解对方的反应。一般来说，我们关心的内容大致可以分为以下三方面：

（a）对方此时此刻的感受

有时，我们想了解对方的感受，以及为什么他们会产生那样的感受。为此，我们也许会问："听我说这些，你的心情怎么样？"然后，我们可以进一步问："为什么呢？"

（b）对方正在想什么

有时，我们想了解对方的想法。在询问时，说清楚想了解的是哪方面的想法，将有助于我们获得所需的回应。例如，我们可以和对方说："我想请你谈谈我的建议是否有可行性。如果不太可行，那根据你的判断，哪些因素会妨碍建议的实施呢？"如果我们只是问"对这个建议你有什么看法"，那么，对方谈的内容也许并不是我们关心的。

（c）对方是否接受我们的请求

在另一些时候，我们可能想知道，对方是否愿意接受我们的请求。这时，我们也许会问："我想知道，你是否同意将会议时间推迟一周？"

在了解对方的反应时，我们要能意识到我们想了解的是哪方面的内容，并提出明确的请求。

在集体讨论时提出请求

参加集体讨论时，说清楚我们希望得到怎样的反馈，是至关重要的。如果不清楚发言的目的，我们的讨论也许只是在浪费时间，而无法满足任何人的需要。

有一些关心种族歧视问题的团体曾邀请我去协助他们的工作。其中一个原因是他们的会议常常既沉闷又没有成效。而为了参加这些会议，参加者不仅要托人照顾孩子，而且还要将有限的资金用来支付交通费用。于是，许多人退出了这些团体。他们认为参加这些团体的会议毫无意义。此外，实现这些团体所寻求的机构变革需要长期的努力。因此，使会议变得富有成效对他们来说是十分重要的。

有一个团体成立的目的是为了推动当地学校的改革。他们认为这些学校没有公平地对待各个种族的学生。为了提高会议效率和避免成员的进一步减少，这个团体请我去旁听他们的会议。于是，我应邀参加了会议。

会议一开始，一位先生就讲到最近报纸发表的一篇文章。这篇文章的作者是一位少数族裔的妇女。她在文章中抱怨她的女儿在学校中受到校方不公正的对待。接着，有一位女士介绍她自己在这所学校中的个人经历。紧接着，其他人也开始讲类似的经历。20分钟后，我问与会人员，目前的讨论是否能够满足他们的需要。没有一个人说"可以"。其中一位先生有点气恼地说："这些会议总是这样！做别的事比在这里听废话好得多！"

于是，我就问开始这个话题的那位先生："你提到那篇文章，是想得到怎样的反馈呢？"他回答说："我认为这篇文章很有意思。"我解释说，我想知道的是他期待得到怎样的反馈，而不是他对这篇文章的看法。他想了想，然后承认："我不知道我想要什么。"

我想，这就是会议的前20分钟讨论毫无成效的原因。如果我们在集体讨论时漫无目的地发言，那么，会议很可能就会毫无成果。然而，只要有一个人能够意识到这一点，他就可以提醒会议的其他成员有针对性地展开讨论。例如，在那位先生没有讲清他提及那篇文章的目的时，其他成员就可以和他说："我不清楚你为什么要提到这篇文章。你是否可以告诉我们，你期待得到怎样的反馈呢？"这样的提醒也许就可以避免浪费宝贵的会议时间。

此外，如果不清楚发言者是否已经得到满意的答复，讨论就可能漫无目的地继续下去，而无法满足任何人的需要。在印度，如果发言者得到了他所需要的回复，他就会说"bas"（这个词发音同"巴士"）。这意味着："谢谢你！我已经明白了。"虽然，我们的语言中没有这样一个词，但我们可以在交流中具备这种意识。

请求与命令

一旦人们认为不答应我们就会受到责罚，他们就会把我们的请求看作是命令。听到命令时，一个人只能看到两种选择：服从或反抗。不论如何，只要人们认为我们是在强迫他们，他们就不会乐于满足我们的需要。如果我们在过去常常指责他人，那么，我们的请求很可能就会被看作是命令。而一个经常受到指责的人也会倾向于将请求解读为命令。

以下我们用一个例子来说明请求与命令的区别。

如何区分命令和请求：请求没有得到满足时，提出请求的人如果批评和指责，那就是命令；如果想利用对方的内疚来达到目的，也是命令。

杰克和他的朋友珍妮说："我很孤单，希望今晚你能陪我聊聊。"这是请求还是命令呢？现在还不好说。我们需要根据珍妮没有同意时杰克的反应来作出判断。假定她回答说："杰克，我今天很累。如果你想今晚有人陪你，你去找其他人好不好？"如果杰克接着说："你这人真自私！"那么，他的提议实际上就是命令。因为他并没有重视珍妮休息的需要，而开始指责她。

以下是对话以另一种方式展开：

杰克:"我很孤单,希望今晚你能陪我聊聊。"
珍妮:"杰克,我真的很累。如果你想今晚有人陪你,找别人好不好?"
杰克一声不吭走开了。
珍妮发现杰克不太高兴,就问他:"你怎么了?"
杰克:"没什么。"
珍妮:"我觉得你好像有心事。来,说说看。"
杰克:"你知道我孤单极了。你要是真的爱我,今晚就会留下来陪我。"

在这段对话中,杰克仍然没有重视珍妮的需要,而是认为珍妮不再爱他。我们越是将他人的不顺从看作是对我们的排斥,我们所表达的愿望就越有可能被看作是命令。这将导致恶性循环,因为一旦人们认为我们是在强迫他们,他们就会不太想满足我们的愿望。

反之,如果杰克尊重珍妮的感受和需要,那么他所表达的愿望就是请求而非命令。这时,杰克也许会说:"珍妮,你的意思是说,你已经很累了,今晚需要休息?"

在生活中,如果我们不想勉强人,那么,清楚地表明这一点是重要的——这有助于人们相信我们提出的是请求而非命令。例如,我们可以说:"帮我打开窗户好吗?"而不是说:"请打开窗户!"然而,在人们无法满足我们的愿望时,我们是否尊重他们的感受和需要最能体现我们提出的是请求还是命令。如果我们愿意去体会是什么使他们无法说"是",那么,根据我的定义,我们提出的就是请求而非命令。选择通过请求而非命令来表达愿望,并不意味着,一旦人们说"不",我们就不再去满足自己的需要。但它意味着,除非已经充分体会是什么妨碍了他人说"是",我们就不会试图说服他们。

非暴力沟通的目的

如果我们只是想改变别人，以使他们的行动符合我们的利益，那么非暴力沟通并不是适当的工具。非暴力沟通是用来帮助我们在诚实和倾听的基础上与人联系。使用非暴力沟通时，我们希望人们的改变和行动是出于对生命的爱。一旦人们相信我们看重彼此的感情，并能兼顾双方的需要，那么，他们也就会相信我们所表达的愿望是请求而非命令。

然而，坚持以非暴力沟通的方式与人沟通是很不容易的。对于父母、老师、经理以及其他处于管理位置的人来说，尤其如此。在一次研讨班中，有位母亲和我说："马歇尔，我回家试过了，但没什么用。"于是，我请她讲讲发生了什么事情。

"回家后，就像上午练习时那样，我表达了感受和需要。我并没有责备孩子。我只是说'当我看到你没有做你答应做的家务活，我十分失望。因为我希望回家后有个干净整洁的环境'。然后，我提出了请求：我请他立即把房间收拾干净。"

"听起来你已经很清楚地表达了非暴力沟通的四个要素，"我回答说，"然后呢？"

"他什么都没做。"

"那接下来呢？"我接着问。

"我和他说，像他这样懒惰和不负责任的人是不会有什么前途的。"

我注意到这位女士把请求和命令混为一谈。在她看来，非暴力沟通是否有用取决于她的"请求"是否能得到满足。在刚开始运用非暴力沟通时，我们也许会发现，有时我们只是在运用非暴力沟通的表达形式，而忘记了它所服务的目的。

然而，在另一些时候，即使我们以适当的方式提出请求，有些人仍会误以为是命令。特别是当我们处于强势的一方，那些曾受过权威威胁的人尤其容易作出那样的判断。

有一次，一所高中的管理团队请我去示范如何运用非暴力沟通与学生沟通。我要会见的学生有四十位。在学校中，他们被看作是"品行不端"的学生。我认为，像"品行不端"这样的标签会带来很消极的影响。如果一个学生被贴上这样的标签，那岂不是说他不遵守学校规矩是正常的吗？这样的标签将鼓励学生做我们不希望他们做的事，然后，他们的行为似乎又进一步证实了我们的判断。

当我走进教室时，大部分的学生挤在窗口和楼下的同学互相叫骂。对此，我并不意外。一开始，我就提出请求："请各位同学回座位坐好，我将做自我介绍，并谈谈来这里的目的。"大概有一半的学生回到了座位。为了让其他学生听清我的请求，我重复了一遍。这时，除了两位学生仍站在窗口，其他学生都在位子上坐了下来。他们是班上个子最大的两位学生。

"你们好，"我对他们说，"你们中哪一位愿意告诉我，我刚才说了什么？"其中一位学生转过来，粗声粗气地说："你要求我们马上回到座位坐下来。"这让我明白了，他把我的请求当作了命令。

我接着问他："你是否愿意告诉我，我怎样表达我的请求，你才不会认为我在发号施令？""什么？"对于我这个问题，他很意外。于是，我解释说："我的意思是，我怎样表达我的请求，你才会认为我也在乎你的需要呢？"他想了想，然后耸了耸肩，说道："我不知道。"

"刚才的对话已经提到了我今天想讨论的话题。我认为,表达愿望时,只要不发号施令,我们的相处就会愉快得多。我说出我的愿望,并不是要求你照我说的去做。我不知道,怎么说,你才能相信这一点。"那位学生似乎明白了我的意思,听完我的话,他就和他的同学慢悠悠地走回了座位。可见,在一些情形中,对方也许需要一些时间来了解我们提出的是请求而非命令。

在提出请求前,如果我们有以下的想法,那么,我们的请求已经成为了对他人的要求。

- 他应该把房间整理干净。
- 她必须照我说的去做。
- 老板应当给我提职加薪。
- 我有权要求更长的假期。

如果我们有这样的想法,一旦别人没有满足我们的要求,我们难免就会指责他们。有一段时间,当我的小儿子布拉特没有倒垃圾时,我就有类似的想法。我们对家务活进行了分工,他负责倒垃圾。可是,他很不主动。为了让他去倒垃圾,每天我都会提醒他"这是你的任务"或"我们每个人都有自己的任务"。

后来,有一天晚上,我终于静下心来听他讲为什么他不愿倒垃圾。谈话后,我以《布拉特的心声》为题写下了一段话:

"在印象中,如果我没照你说的去做,你就不会尊重我。如果我知道你并不想使唤我,在你叫我时,我会乐于回应你。如果你高高在上,像个盛气凌人的老板,你将会发现,你一头撞在了墙上。当你反复提醒我，你为我做的各种事情，你最好准备再次碰壁！你可以大声抱怨、责骂，但我仍不会去倒垃圾。即使你现在改变方式，我也需要时间忘记不快。"

通过这次谈话，布拉特认为我已经理解并尊重他的立场。在以后的日子里，他每天都主动倒垃圾。

小　结

非暴力沟通的第四个要素是请求。我们告诉人们，为了改善生活，我们希望他们做什么。我们避免使用抽象的语言，而借助具体的描述，来提出请求。

在发言时，我们将自己想要的回应讲得越清楚，就越有可能得到理想的回应。由于我们所要表达的意思与别人的理解有可能不一致，有时，我们需要请求他人的反馈。特别是在集体讨论中发言时，我们需要清楚地表明自己的期待。否则，讨论可能只是在浪费大家的时间。

一旦人们认为不答应我们就会受到责罚，他们就会把我们的请求看作是命令。如果我们清楚地表达我们无意强人所难，人们一般会相信，我们提出的是请求而非命令。非暴力沟通的目的不是为了改变他人来迎合我们。相反，非暴力沟通重视每个人的需要，它的目的是帮助我们在诚实和倾听的基础上与人联系。

非暴力沟通实例
劝好朋友戒烟

艾伦和卡特是有 30 多年交情的老朋友。卡特每天要抽两包烟。多年来，艾伦想尽一切办法来让卡特戒烟，但都没有成功。在过去的几年，卡特咳嗽得越来越厉害。有一天，艾伦终于忍不住和卡特再一次谈到了戒烟。

艾伦："卡特，这个问题我们已经说过无数次了。不过，我还是想告诉你，我很害怕，你这样抽下去，很快就会完蛋！你是我最好的朋友，我不想失去你。请不要认为，我又在指责你。我真的没有。我只是很担心。"（在过去，艾伦在劝卡特戒烟时，常常会指责他。）

卡特："我知道你是在关心我。我们已经是老朋友了……"

艾伦：（提出请求）"你愿意戒烟吗？"

卡特："我希望我能做到。"

艾伦：（了解卡特无法做到的原因）"你不想戒烟，是因为你担心自己做不到吗？"

卡特："是的。你知道我已经戒过很多次了，但都没有成功。我想，别人会觉得我很没用。"

艾伦：（猜测卡特会有什么请求）"我没有看轻你。即使你再次戒烟失败，我也不会看不起你。我只是希望你再试一试。"
卡特："谢谢。但又不是只有你一个人……从他们的眼中，我可以看出，他们认为我是个没用的人。"
艾伦：（体会卡特的感受和需要）"如果不是担心别人的看法，你就会愿意再次戒烟，是吗？"
卡特："我不喜欢自己有烟瘾。我不希望自己听任烟瘾的摆布……"
艾伦：（艾伦看着卡特的眼睛，点了点头。艾伦的眼神流露出他对卡特的关心。）
卡特："我的意思是说，我已经不喜欢抽烟了。特别是在公共场合抽烟，我会觉得很不好意思。"
艾伦：（继续体会卡特的感受和需要）"听起来，你很想戒烟，可又担心会失败——你害怕这会影响到你的形象和信心。"
卡特："是的。我想这就是我的意思……你知道，我以前并没有提到这一点。当人们劝我戒烟时，我就会叫他们走开。我是想戒烟，但我不想任何人给我压力。"
艾伦："我不希望你有包袱。我也不知道能否打消你的顾虑，但我会尽力帮助你——只要你愿意。"
卡特："我真的很感激你的关心。但是，如果我现在还做不到，你会介意吗？"
艾伦："当然不会！我只是希望你的健康状况能变好。"（因为艾伦提出的是真诚的请求，而非要求，不论卡特有怎样的反应，他们的关系都不会受影响。）
卡特："谢谢！也许我会再试一次。但请你先不要告诉别人，好吗？"
艾伦："好的。你放心。我不会和任何人说的。"

练习四　提出请求

根据你的观点，下列哪些句子提出了明确的请求？

1. 我希望你理解我。
2. 请告诉我，在我做的事情中，你最满意的是哪一件？
3. 我希望你更加自信。
4. 不要再喝酒了。
5. 请让我成为我自己。
6. 关于昨天的会议，请不要隐瞒你的看法。
7. 我希望你能在规定的时速内驾驶。
8. 我想更好地了解你。
9. 我希望你尊重我的个人隐私。
10. 我希望你经常做晚饭。

以下是我对练习4的理解：

1. 如果你选择这一句，我们意见不一致。对我来说，在这个句子中，"理解"这个词并没有清楚地表达发言者的请求。如果发言者说"你是否可以告诉我，你认为我刚才说的是什么意思"，那么，我认为发言者提出了明确的请求。

2. 如果你选择这一句，我们意见一致。

3. 如果你选择这一句，我们意见不一致。如果发言者说"我希望你能参加关于人际交流的培训，我相信这会有助于你增强自信心"，那

周绿沉 4岁

么，我认为发言者提出了明确的请求。

4. 如果你选择这一句，我们意见不一致。对我来说，这句话表达的是发言者想要避免的事情。如果发言者说"你是否可以告诉我，喝酒可以满足你什么需要？是否有别的方式可以满足那些需要"，那么，我认为发言者提出了明确的请求。

5. 如果你选择这一句，我们意见不一致。对我来说，"让我成为我自己"是一个模糊的请求。如果发言者说"我希望你告诉我，即使你不喜欢我做的一些事情，你仍然会和我在一起"，那么，我认为发言者提出了明确的请求。

6. 如果你选择这一句，我们意见不一致。对我来说，"不要隐瞒"是一个模糊的请求。如果发言者说"请告诉我，你怎么看我昨天在会议中的表现，给我一些建议好吗"，那么，我认为发言者提出了明确的请求。

7. 如果你选择这一句，我们意见一致。

8. 如果你选择这一句，我们意见不一致。如果发言者说"我想多一些时间和你聊聊，不知道你是否愿意每周和我吃一次午饭"，那么，我认为发言者提出了明确的请求。

9. 如果你选择这一句，我们意见不一致。对我来说，"尊重我的个人隐私"这个短语并不能清楚地表达发言者的请求。如果发言者说"在进我的办公室前，请先敲门好吗"，那么，我认为发言者提出了明确的请求。

10. 如果你选择这一句，我们意见不一致。对我来说，"经常"这个词并不能清楚地表达发言者的请求。如果发言者说"我希望你每周一晚上都可以做晚饭"，那么，我认为发言者提出了明确的请求。

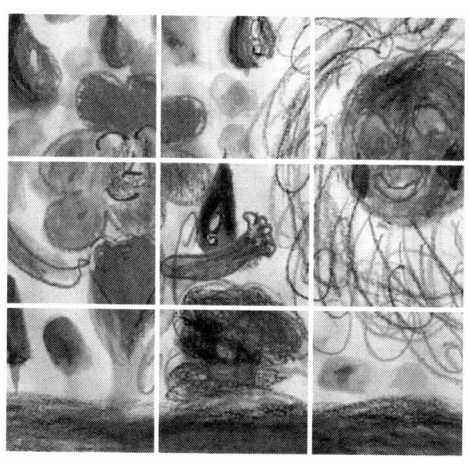

第七章 用全身心倾听

在前四章中，我们介绍了如何通过非暴力沟通的四个要素来表达自己。本章我们将探讨如何倾听他人，了解他们的观察、感受、需要和请求，并给予反馈。

为了倾听他人，我们需要先放下已有的想法和判断，全神贯注地体会对方。以色列哲学家马丁·布伯（Martin Buber）对此作出了描述："尽管有种种相似之处，生活的每时每刻就像一个刚出生的婴儿，一张新的面孔，我们从未见过，也不可能再次见到。我们无法停留在过去，也无法预见我们的反应。我们需要不带成见地感受变化。我们需要用全身心去倾听。"

然而，用全身心倾听他人并不容易。法国作家西蒙娜·薇依（Simone Weil）写道："倾听一个处于痛苦中的人，不仅十分罕见，而且非常困难。那简直是奇迹；那就是奇迹。有些人认为他们可以做到，实际上，绝大部分的人还不具备这种能力。"遭遇他人的痛苦时，我们常常急于提建议，安慰或表达我们的态度和感受。可是，倾听意味着全心全意地体会他人的信息——这为他人充分表达痛苦创造了条件。有一句佛教格言恰如其分地描述了这种能力："不要急着做什么，站在那里。"

如果一个人想要别人了解他的处境，听到的却是安慰和建议，那么，他就有可能觉得不太舒服。我和女儿的一次对话提醒我，在安慰他人或提建议前，先看看那是否是他们想要的。有一天，我女儿在照镜子时说："我丑得像一只猪。"

"你是世界上最美丽的女孩！"我大声宣布。女儿很不高兴地看了我一眼，喊了声"爸呀"，然后摔上门出去了。我的安慰看来不合时宜。也许，她只是希望我留意她的感受。也许当时我最好问她："你对你今天的形象感到很失望吗？"

我的朋友霍利·汉弗里（Holley Humphrey）举了一些例子，来说明哪些行为会妨碍我们体会他人的处境。

- **建议**："我想你应该……"
- **比较**："这算不了什么。你听听我的经历……"
- **说教**："如果你这样做……你将会得到很大的好处。"
- **安慰**："这不是你的错；你已经尽最大努力了。"
- **回忆**："这让我想起……"
- **否定**："高兴一点。不要这么难过。"
- **同情**："哦，你这可怜的人……"
- **询问**："这种情况是什么时候开始的？"
- **辩解**："我原想早点打电话给你，但昨晚……"
- **纠正**："事情的经过不是那样的。"

哈罗德·库希纳（Harold Kushner）拉比在《当好人遭到了厄运》一书中诉说了他的苦难。在他儿子临死时，听到人们的安慰，他极为痛苦。然而，想到20多年来他在别人遭遇不幸时也说同样的话，他更是伤透了心！

我们常常认为，在亲友感到痛苦时，我们应该想办法使他们好受一分析妨碍了倾听。

点。然而，急于采取行动使我们无法充分体会他们的状况。对于从事心理咨询或热线服务的人来说，更是如此。在一次研讨班中，我问 23 位心理医生，如果向他们求助的人说"我快要崩溃了，我找不到活下去的理由"，他们会有怎样的反应。我收集好他们的书面回答后提议："我将依次大声读出这些书面回答。假定你是那位求助的人，如果你认为某个回答表达了对你的理解，就请你举起手来。"在 23 个回答中，只有 3 个有人举手。其中，最常见的反应是，像"这是什么时候开始的"这类的问题。也许，他们是希望通过收集足够的信息来分析和解决问题。事实上，试图分析问题妨碍了我们与他人的联系。如果我们只关心别人说了什么，并考虑他的情况符合哪种理论，我们是在诊断人——我们并没有倾听他们。在非暴力沟通中，倾听他人意味着，放下已有的想法和判断，一心一意地体会他人。倾听的这种品质体现了它与理解以及同情之间的区别。

体会他人的感受和需要

不论别人以什么样的方式来表达自己，我们都可以用心体会其中所包含的观察、感受、需要和请求。比方说，一位新邻居因为急事借走了你家的车。你的家人知道后责骂你："你把车借给了陌生人，真蠢！"此时，你就可以好好体会他们的感受和需要，既不反驳也不自责。

不论别人说什么，我们只听到他们此时此刻的（a）观察，（b）感受，（c）需要，和（d）请求。

在这个例子中，很明显，家人观察到的事实是：车被借给了陌生人。有的时候,别人的话基于怎样的观察,并不一目了然。例如,一位同事说:"你没有团队精神。"在这句话中,他并没有提到他的观察是什么。我们需要通过询问来了解我们的猜测是否准确。

有位女士和她先生的交流出现了一些困难。她先生对她说:"和你说话有什么用?你从不好好听。"我给她的建议是,她先猜猜先生的感受和需要,然后,再回去和先生谈。在下面的对话中,我试着帮助这位女士做到这一点。

(先生:"和你说话有什么用?你从不好好听。")

太太:"你生我的气吗?"

马歇尔:"你这么说,意味着他生气是由于你的缘故。我建议你说,'你不高兴,是因为你需要……'这有助于你去了解他此刻的状态,而避免责备自己。"

太太:"但我说什么呢?'你不高兴,是因为你需要……'需要什么?"

马歇尔:"从你先生的话中去寻找线索。他说,'和你说话有什么用?你从不好好听'。当他那样说的时候,他没有得到什么?"

太太:(试图体会先生的需要)"你感到不高兴,是因为你觉得我不理解你?"

马歇尔:"你现在关心的是他的想法而非他的需要。我想,如果我们注意的是别人的需要而非他对我们的看法,我们将发现别人并不那么可怕。我们还会发现,他不高兴是因为他的需要没有得到满足。"

太太:(再试一次)"你不高兴是因为你需要得到理解?"

马歇尔："这正是我想到的。你觉得这和你之前的表达有什么不同吗？"
太太： "当然，很大的不同。我把注意力放在了他现在需要什么，而不是自己做错了什么。"

给他人反馈

在倾听他人的观察、感受、需要和请求之后，我们可以主动表达我们的理解。如果我们已经准确领会了他们的意思，我们的反馈将帮助他们意识到这一点。反之，如果我们的理解还不到位，他们也就有机会来纠正我们。此外，这样做还有助于人们体会自己的状况，从而深入了解自己。

非暴力沟通建议我们使用疑问句来给予他人反馈。这将便于他人对我们的理解作出必要的补充。我们的问题可以集中于以下几个方面：

1. 他人的观察："上周我有三个晚上不在家，你说的是这回事？"
2. 他人的感受及需要："你很灰心？你希望得到肯定是吗？"
3. 他人的请求："你是不是想请我帮你预订酒店？"

请注意上述问题与以下问题的区别：

1. "你说的是什么事？"
2. "你现在心情怎么样？""为什么你会有那样的感觉？"
3. "你希望我怎么做？"

第二组问题并不需要我们用心体会他人。这些问题看起来很直接，但根据我的经验，它们并不是获得信息的最佳方式。这样的提问方式，就像心理咨询师在帮助客户，容易产生距离感。如果我们真的要这么

▎询问前，先表达我们的感受和需要。

问，那么，在提问前先提及我们的感受和需要，将鼓励人们主动表达自己。例如，如果我们想问别人"你说的是什么事"，我们可以说："我有些困惑。我想知道你是指哪件事。告诉我好吗？"虽然，这并不是必要的——有时，我们的语气已经表明了我们的感受和需要；但我还是建议主动表达感受和需要，特别是情绪很激烈的时候。

什么时候需要给别人反馈呢？首先，在对自己的理解没有把握时，我们需要对方的确认。然而，即使确信自己已经明白了，我们可能还会发现别人正期待我们的反馈。有时，人们甚至会直接问："我的意思清楚吗？"或"你明白我的意思吗？"这时，简单回答"是的，我明白了"可能是不充分的，人们也许期待我们说得具体些。

一位女士在参加非暴力沟通研讨班后不久，到一个医院当了义工。一些护士请她去和一位老太太谈话。护士们告诉她："我们和她说，她的病并不重，只要吃药，病情就会好转。可是，她听不进去，整天坐在屋子里喃喃自语'我不想活了'，'我不想活了'。"这位女士见到老太太时，就像护士们说得那样，她独自坐在房中，不停地说"我不想活了"。

"你的意思是你不愿意活下去了？"这位女士问老太太。老太太很惊讶，停了下来，表情也轻松多了。她开始讲，从没有人知道她是多么痛苦。这位女士继续表达她的理解。很快，她们就感受到彼此的情意，手挽手地坐在一起。当天晚些时候，老太太就开始吃饭、服药，情绪也明显好转。尽管护士们一直在安慰老太太并给她建议，但只有这位女士为老太太提供了她真正需要的东西——她需要有人能理解她深深的绝望。

一般来说，如果一个人在说话时有明显的情绪，他一般会期待得到他人的反馈。如果我们自己是说话的那个人，我们不妨清楚地表明我们是否期待反馈。

然而，在一些文化环境中，我们也许很难用语言给他人反馈。有一位来自中国的先生在过去常常从父亲的话中听到责骂和攻击。为此，他很害怕去见父亲，每隔几个月才硬着头皮去一次。为了改善与父亲的关系，他参加了非暴力沟通研讨班。十年后，他告诉我，听到父亲的责骂时，他现在总是努力静下来体会父亲的感受和需要。因此，父子关系已变得十分亲密。可是，他从没有说出他所意识到的父亲的感受。他解释说，"在我们的文化中，直接谈论一个人的感受是很少见的。重要的是，我已经不再把他的话看作是对我的攻击，而注意体会他的感受和需要。这使我们的关系日益好转。"

我问道："你的意思是说，你将永远不会和你父亲提他的感受，但留意他的感受对改善你们的关系十分重要？"

"不。我想现在大概可以了。我们的关系这么好，如果我和他说'爸，你现在很伤心吗'，我想他不会觉得意外。"他回答说。

在给他人反馈时，我们的语气十分重要。一个人在听别人谈自己的感受和需要时，将会留意其中是否暗含着批评或嘲讽。如果我们的语气很肯定，仿佛是在宣布他们的内心世界，那么，通常不会有好的反应。然而，一旦别人通过我们的语气意识到我们是在体会，而非下结论，他们一般就不会产生反感。

有时，我们的意图可能会被误解。人们也许说："不要用沟通技巧来套我的话。"如果出现这种情况，我们可以继续倾听对方的感受和需要。这时，我们也许会发现，对方并不信任我们，除非对我们的意图有进一步的了解，他不会喜欢我们表达的方式。然而，就像上文的例子所反映的，只要我们专注于他人的感受和需要，所有的批评、攻击、辱骂或嘲讽就会消失。我们越是这样做，就越能体会到一个简单的事实：有时，我们认为自己受到了指责，实际上，那些话是他人表达需要和请求的方式。如果意识到这一点，我们就不会认为自己的人格受到了伤害。反之，如果一心分析自己或对方的过错，我们就会认为自己被贬低了。作家约瑟夫·坎伯（Joseph Campbell）说道："为了幸福，必须把'别人怎么看我'这个问题放在一边。"一旦我们把所谓的批评和指责看作是来自他人的礼物——为处于痛苦中的人提供服务的机会，我们就会感到这种幸福。

如果人们常常怀疑我们的诚意，那么，我们就需要好好审视自己的动机。也许，我们只是在机械地运用非暴力沟通，而忘记其目的。这时，我们就可以问自己，我们关心的是加深与人的联系，还是以"标准的"非暴力沟通方式来说话。或者，虽然我们是以非暴力沟通的方式来表达自己，我们在乎的也许只是改变他人来迎合我们的需要。

有些人认为以非暴力沟通的方式来给他人反馈是在浪费时间。一位政府部门的主管在一个研讨班中谈到："我的职责是说明事实和解决问题，不是为每个来找我的人提供心理咨询。"然而，许多来找他解决问题的市民，对他却十分不满。有几位市民后来悄悄告诉我："你去他的办公室谈点事情，他就给你介绍一些情况，你无法知道他把你的话听进去了没有。于是，你就开始怀疑他的信息是否有助于解决问题。"给他人反馈是在节约而非浪费时间。关于劳资谈判的研究显示，如果双方同意在作出答复前先准确地重述对方的观点，那么，达成协议的时间将可以比平时缩短一半。

我想起了另外一个例子。有一位先生在开始时也不认为给他人反馈有什么价值。有一段时间，他与太太的关系十分紧张，于是，他们一起参加了一个非暴力沟通研讨班。期间，太太对他说："你从不好好听我讲话。"

"我怎么没有?"他答道。

"你就是没有!"太太反驳。

这时,我对这位先生说:"我担心你也许只是在证实她的观点。从她的反应来看,你的回答体现不出你在认真倾听她。"

对我的观点,他有些困惑。于是,我问他是否可以让我来扮演他的角色。他很乐意我这么做。接着,我和他的太太就展开了以下的对话:

太太:"你从不好好听我讲话。"

我:"听起来,你很失望。你需要体贴,是吗?"

这位女士听到我的回答后,流下了眼泪。她终于得到了别人的理解。我转过身去,和她先生说:"我相信这就是她的需要——她需要倾听和理解。"这位先生十分惊讶:"她想要的只是这个?"他很难相信,这么简单一句话对他太太能有这么大的影响。

在接下来的时间中,这位先生也就某件事表达了对太太的不满。当太太说出她所意识到的他的感受和需要时,他显得很高兴。他看着我说:"这是有价值的。"一旦一个人意识到自己得到了理解和接纳,一般来说,他会觉得很惬意。

保持关注

我建议,在解决问题或询问他人的请求前,为他人的充分表达创造条件。如果过早地提及他人的请求,我们也许就无法传达我们的关心;甚至还会被看作是应付。而且,在谈话刚开始时,人们所表达的感受往

> 当对方得到充分的倾听，(a) 我们将体会到气氛变得轻松；(b) 他会停止谈话。

往是冰山之一角，有许多相关的感受——通常是更为强烈的情感，并没有得到表达。倾听将为他们探究和表达内心深处的感受创造条件。反之，如果急于了解他们的请求或表达自己，就会妨碍这个过程。

假定有一位母亲和我们说："不知道怎么回事，我的孩子不论我和他说什么，他都不听。"这时，我们就可以表达我们的理解："听起来，你很伤心，你希望找到和孩子沟通的办法。"这样的回答通常会鼓励对方去了解自己的感受和需要。如果我们的理解是准确的，这位母亲一般就会开始表达其他感受："也许这是我的错。我总是冲他大喊大叫。"作为听众，我们继续体会她所表达的感受和需要，并给予反馈："你希望你能多体贴孩子，以前没有做到这一点，你现在有些内疚，是吗？"如果这位母亲觉得我们能够理解她，她也许会接着说："我是一个失败的母亲。"我们这时可以继续把我们的理解反馈给她："你有些灰心，你想加深与孩子的感情联系，是吗？"就这样，我们一直保持关注，直到她充分表达相关的感受。

怎样判断对方的感受是否已经充分表达呢？首先，如果一个人觉得别人已经完全明白他的意思，他就会变得轻松。这时，我们也会感到放松。另一个更为明显的标志是，他停止了谈话。如果无法确定对方是否还有话要说，就不妨问一句："你还有什么话要告诉我吗？"

当我们痛苦得无法倾听

我们无法给别人我们自己都没有的东西。有时，我们会发现自己没有心情去关心别人。一般来说，这反映了我们也需要得到关心。如果告诉他人我们正处于痛苦中，我们无法顾及他们的感受和需要，别人很可能就会伸出援手。

然而，在许多时候，我们需要自己的体贴。联合国前秘书长汉马斯克德（Dag Hammarskjold）曾经说道："你越是留意自己内心的声音，就越能够听到别人的声音。"一旦我们能够敏锐地察觉并照顾自己的感受和需要，我们就有能力迅速调整好状态，来倾听他人。如果做不到这一点，我们还有另外两种选择。

其中一种选择是大声地提出请求。有一次，我应邀去协调两个帮派之间的矛盾。在冲突中，双方都有人死亡。最严重的一个月，一方死了两人，另一方死了一人。为了帮助他们倾听彼此的意见并找到解决冲突的办法，我紧张地工作了三天。在开车回家的路上，我感到筋疲力尽，我和自己说，我再也不想去协调任何冲突。

可是，一到家，我就看到我的两个孩子在吵架。我没有力气去了解他们的情况，于是，我就大声地提出请求："我很痛苦！我现在真的不想过问你们的事情！我需要安静！"我年仅九岁的大儿子停了下来，问道："你愿意和我们说说吗？"我相信，如果我们能够直接地表达我们的痛苦，那么，即使对方也处于痛苦之中，有时他也能够意识到我们的需要。当然，我并不想冲着孩子大声地喊："你们怎么回事？你们就不会乖一点吗？我在外面忙了一整天，还不够累吗？"我也不想说别的来指责孩子。我大声地提出请求，是为了提醒他们注意我此时此刻的痛苦和需要。

不过，如果对方正处于激烈的情绪中，他也可能无法留意我们的感受和需要。这时，我们的另一种选择是，换一个环境。我们需要时间和空间来调整状态，等平静下来了，再回来。

> 当我们痛苦得无法倾听他人时,我们需要(1)体会自己的感受和需要(2)大声地提出请求(3)换一个环境。

小　结

当他人遭遇不幸时,我们常常急于提建议,安慰,或表达我们的态度和感受。为了倾听他人,我们需要先放下已有的想法和判断,全心全意地体会对方。倾听他人有助于对他人的理解和接纳。

与此同时,不论别人用怎样的词语表达自己,我们都可以用心体会他们的观察、感受、需要和请求。有时,我们可以主动表达我们的理解,来帮助对方了解我们在何种程度上明白了他的意思。在交流的过程中,我们保持持续的关注,为对方的充分表达创造条件。

当我们痛苦得无法倾听他人时,我们需要(1)体会自己的感受和需要;(2)大声地提出请求;(3)换一个环境。

非暴力沟通实例
一位先生临死前的谈话

有位病人已被诊断为肺癌晚期。在他被送往医院前,一位前来协助的护士以及他夫妇两人在他家中有了以下一段对话。谈话一开始,他太太就谈到了他们的家庭护士。

太太："她不是一位好护士。"

护士：（体会这位太太的感受和愿望）"你希望护士能够提供更好的服务？"

太太："她什么都没做。只要他的脉搏稍微快一些，她就让他停止走路。"

护士：（继续体会她的感受和愿望）"他很少活动，你担心他无法恢复健康，是吗？"

太太：（哭了起来）"是的，我真的很害怕！"

护士："你很害怕失去他？"

太太："是的。我们一起生活了一辈子。"

护士：（注意了解她的其他感受）"你担心，如果有一天他走了，你将无依无靠？"

太太："我无法想象，没有他，我怎么活下去。他总是在我身边。"

护士："所以，想到自己要一个人生活，你感到很凄凉。"

太太："除了他，没有人会和我生活在一起。你知道，他是我的全部。我女儿甚至都不和我说话。"

护士："想到你女儿，你似乎就很伤心，你希望你们的感情能好些？"

太太："是的。但她很自私。我不知道我为什么要生孩子？生孩子有什么好？！"

护士："听起来，你很失望。在你先生病重的时候，你希望能有亲人在你身边。"

太太："他病得这么重，我不知道该怎么办才好……除了你，我甚至连一个说话的人都没有……他总是沉默不语……你看看，他一句话也没有！"（她先生仍保持着沉默）

李远静 8岁

护士:"你是说,在这困难的时刻,你希望你们两个能互相支持?"

太太:"是的。(她停了一下,然后,提了一个请求)我想请你用刚才谈话的方式和我先生谈谈。"

护士:(想了解这位太太的目的)"你希望他能说出自己的感受?"

太太:"是的,是的,就是这个意思!我希望他愿意讲几句。我想知道他现在的心情。"(通过护士的帮助,这位太太意识到自己的愿望并提出了明确的请求。这是很重要的,因为人们常常并不了解自己想要得到什么,即使他们知道自己不想要什么。我们看到一个明确的请求——"请你用刚才谈话的方式和我先生谈谈"——如何成为献给另一个人的礼物。护士现在就可以采取行动来满足这位太太的心愿。这改变了屋内的气氛——因为她们成为"同事",开始"一起工作"。)

护士:(转向那位先生)"听了你太太刚才和我的谈话,你现在感觉怎么样?"

先生:"我真的很爱她。"

护士:"你愿意现在和她谈谈吗?"

先生:"是的,我们需要好好聊聊。"

护士:"你病得这么重,你愿意告诉她你的感受吗?"

先生:"感觉不太好。"(我们常用"好"或"坏"来描述感受。使用更为具体的词语,将有助于他太太更好地了解他的感受。)

护士:(帮助他进一步表达感受)"你担心你的病治不好吗?"

先生:"不,我并不担心这个。"(注意:护士猜得不准确,并没有妨碍他们的交流。)

护士:"生活变成这样,你感到恼怒吗?"(由于这位先生难以表达他的具体感受，护士就继续协助他。）

先生："不，我不生气。"

护士：（这时，她决定直接表达她的感受。）"我有些困惑，不知道你具体是怎样的感受。你可以说说吗？"

先生："我想，我是担心，我不在她身边，她怎么办。"

护士："你担心她无法独自面对生活？"

先生："是的。我怕她没有勇气活下去。"

护士：（她知道临死的病人常常因为惦记亲人而放心不下。有时，病人需要他的亲人告诉他，他们准备好了面对他的死亡——这样，他才可以放心地离去。）"你是否想知道你太太现在的心情？"

这时，他太太加入了谈话。当着护士的面，他们开始亲切地交谈。在上述的对话中，太太开始时表达的是对家庭护士的不满。随着对话的深入，她意识到，在这人生的艰难时刻，她极为渴望加强与先生的联系。

练习五　倾听他人并给予反馈

以下是甲和乙的十组对话。请问，在哪些对话中，乙用心体会甲的感受和需要并给予反馈？

1. 甲："我又误机了，我真是个混蛋！"

   乙："没有人是十全十美的，不要太严格要求自己。"

2. 甲:"我认为我们应该把这些非法移民遣送回国。"

    乙:"这对改善社会治安有帮助吗?"

3. 甲:"你以为你什么都知道?!"

    乙:"听起来,你有些不耐烦,因为你希望每个人的意见都能得到倾听?"

4. 甲:"你从不把我当回事。要不是我帮你,你自己一个人能处理这么多事情吗?"

    乙:"你怎么能这样想!我一直都很尊重你。"

5. 甲:"你怎么可以那样和我说话?"

    乙:"我那样说话,你是不是很伤心?"

6. 甲:"想到我先生,我就有些气恼。我需要他的时候,他总是不在我身边。"

    乙:"你是希望他多陪陪你?"

7. 甲:"我真受不了我自己,我现在变得这么胖!"

    乙:"慢跑也许会有帮助。"

8. 甲:"我紧张地筹备女儿的婚礼。可是,我亲家老是有新主意,真烦!"

    乙:"听起来,你有些着急,你希望能得到理解与配合,是吗?"

9. 甲:"如果亲戚来之前不和我打招呼,我真的不想接待他们。"

    乙:"我知道这是什么感觉。我也这样。"

10. 甲:"你的表现让我很失望。我本来指望你们部门上个月的产出能够翻番。"

    乙:"我知道你很失望。但上个月我们部门请病假的人很多。"

以下是我对练习5的看法:

1. 如果你选择这个对话,我们意见不一致。因为我认为乙是在安慰。如果乙用心倾听并给予反馈,他也许会说:"你很失望,是因为你希望能够信赖自己,是吗?"

2. 如果你选择这个对话,我们意见不一致。因为我认为乙是在询问。如果乙用心倾听并给予反馈,他也许会说:"你有些担心,因为你很看重社会秩序和安全?"

3. 如果你选择这个对话,我们意见一致。

4. 如果你选择这个对话,我们意见不一致。我认为乙是在辩解。如果乙用心倾听并给予反馈,他也许会说:"你好像有些失落,你希望得到欣赏和肯定?"

5. 如果你选择这个对话,我们意见不一致。我认为乙是在为甲的感受负责。如果乙用心倾听并给予反馈,他也许会说:"听起来,你很伤心,因为你需要体贴?"

6. 如果你选择这个对话,我们意见不完全一致。我认为乙将甲的想法反馈给了甲。然而,我相信,反馈感受和需要更能促进人与人的联系。如果乙用心倾听并给予反馈,他也许会说:"听起来,你有些失落,因为你需要支持与关心?"

7. 如果你选择这个对话,我们意见不一致。我认为乙是在提建议。如果乙用心倾听并给予反馈,他也许会说:"你对自己好像有些不耐烦,你很看重健康,是吗?"

8. 如果你选择这个对话,我们意见一致。

9. 如果你选择这个对话,我们意见不一致。我认为乙是在表示同情。如果乙用心倾听并给予反馈,他也许会说:"你是不是有些厌烦,你希望你的需要也能得到尊重,是吗?"

10. 如果你选择这个对话,我们意见不一致。我认为,虽然乙提到了甲的感受,但乙主要是在辩解。如果乙用心倾听并给予反馈,他也许会说:"你看来很失望,你看重工作效率,是吗?"

第八章 倾听的力量

倾听使身心痊愈

一个人如果有机会倾诉,会是怎样的感觉呢?卡尔·罗杰斯(Carl Rogers)这样写道:"如果有人倾听你,不对你评头论足,不替你担惊受怕,也不想改变你,这多美好啊……每当我得到人们的倾听和理解,我就可以用新的眼光看世界,并继续前进……这真神奇啊!一旦有人倾听,看起来无法解决的问题就有了解决办法,千头万绪的思路也会变得清晰起来。"

安德森女士是一所实验小学的校长。有一天,她在午饭后回到办公室时,发现有位叫米丽的女生满脸沮丧地坐在那里等她。米丽一见到她就问道:"阿姨,你有时候会不会连续几天都做了别人不喜欢的事,而你并不是有意的?"

"是的,"安德森回答说,"我想我明白你的意思。"这时,她需要赶去参加一个十分重要的会议,她并不希望满屋子的人等她一个人。于是,她就直接问:"米丽,我能为你做什么吗?"米丽轻轻抱住了她,望着她的眼睛,恳求她: "阿姨,我不要你做任何事情,我只想你听我说。"

安德森后来回忆说,这是她人生最重要的时刻之一。她很感激她的学生给她的启发。她当时想："如果时间来不及，就请满屋子的成年人等等吧！"她和米丽一起坐在了一张长椅上，她的手抱着米丽的肩膀，米丽依偎着她，搂着她的腰。她们就这样坐着，直到米丽说完她的心事，而时间并不算长。

我的朋友劳伦斯也和我分享了她的一段经历。有一次，她和六岁的儿子谈话，话还没说完，儿子一不高兴就跑开了。这时，年仅十岁的女儿和她说："妈妈，看起来你有一点生气，你希望他耐心地与你谈话，是吗？"听到女儿的话，劳伦斯大为惊讶，气也消了。儿子回来后，她也就能静下心来和他谈话。

一位大学教师提到，一些教师通过倾听以及表达自己的需要，使师生关系得到了明显的改善。"学生们越来越敞开心扉，告诉我们他们生活中的困难。他们对干扰学习的因素认识得越清楚，也就越能够提高学习的效率。虽然倾听他们占用了我们许多时间，但我们认为这是值得的。不幸的是，系主任对此感到了不安。他说，'我们并不是心理医生，我们应该多花时间在教学上，而不是与学生谈心'。"

当我问他教师们怎么和系主任沟通时，他回答说："我们用心倾听他的感受和需要。我们注意到，他有些担心，他希望我们不要介入到我们不擅长的领域中。我们还注意到，他希望我们能够告诉他，我们与学生谈心并不会影响教学。得到我们的反馈后，他看起来很欣慰。"

在组织机构中，我们在听到上级的意见时，通常会把它看作是命令或指示。倾听同事或下级比倾听上级要容易得多。在上级面前，我们有时可能会有点紧张，以致无法静下心来体会他们的感受和需要，并给予反馈。因此，我特别欣赏这些教师能像倾听学生那样倾听他们的系主任。

倾听和示弱的能力

非暴力沟通鼓励我们表达自己最深的感受和需要，因此，我们有时也许会发现运用非暴力沟通是富有挑战性的。然而，通过倾听，我们将意识到他人的人性以及彼此的共通之处，这会使自我表达变得容易些。我们越是倾听他人语言背后的感受和需要，就越不怕与他们坦诚地沟通。我们最不愿意示弱的时候往往是因为担心失去控制想显得强硬的时候。

有一次，在克里夫兰和一群社会青年谈话时，我毫不掩饰自己的情绪："我感到伤心，我需要尊重。""哦，你们看，"有一个人说道，"他感到伤心，这简直糟透了！"这时，其他人都哈哈大笑。听到这样的话，我可以把它看作是攻击，也可以通过它来了解他们的感受和需要。

然而，如果我将它看作是羞辱或攻击，我很可能就会觉得自己受到了伤害，甚至因为过于恼怒或害怕而无法倾听他们。如果出现了这种情况，我也许就需要先离开现场，来倾听自己心底的声音，或向好友倾诉——这将有助于我了解并体贴自己的感受和需要。然后，等平静下来后，再回来与对方交流。在痛苦的情形中，为了了解自己深层的需要，我建议首先获得必要的倾听，以避免为充斥头脑的各种想法所束缚。

当时，我用心体会着那位青年的话以及之后的笑声，我认为他们不高兴是因为他们把我的话当作指责。在过去，人们在说"我感到伤心"时，也许暗含着对他们的批评。由于我并没有和他们确认这一点，无法知道这种猜测是否准确。然而，通过倾听他们的感受和需要，我既没有气馁,也没有生气。

"嘿!"另外有个人大声叫道:"你说的都是一些废话!你想一想,如果这里有另一伙人,他们带了枪,而你没带。你还准备站在这里和他们说话?真是胡扯!"

这时,所有的人又笑了。我体会着他们的感受和需要,问道:"听起来,对学一些没用的东西,你觉得很烦?"

"是的。如果你生活在这个地方,你就知道你讲的东西全是垃圾。"

"你认为来帮助你们的人应该对你们的生活有所了解?"

"就是这个意思。在你张嘴说话前,你的脑袋可能就开花了。"

"所以,你很希望他对你们所面临的危险有所了解?"我一直以这样的方式倾听着他们,有时说出我的理解,有时则没有。我们的对话持续了45分钟,这时,我感到气氛发生了明显的变化:他们开始认为我真的能够理解他们。和我一起去的一位先生注意到了这一点,他大声问道:"你们认为这位先生怎么样?"给我带来最大挑战的那位先生回答说:"他是我们最好的顾问!"

我的同伴大吃一惊,转过身来,悄悄地问我:"可是,你什么也没说啊!"实际上,通过倾听他们的感受和需要,并给予他们反馈,我示范了如何运用非暴力沟通来沟通。

倾听预防潜在的暴力

有一次,一位教师和我谈起了她的一段经历。

这位教师在圣·路易斯的一所学校教书。那个地区的治安情况不太好,为了保证教师的安全,学校提醒她们在放学后立即离校。有一天,为了帮助一位学生,她在放学后留了下来。学生刚离开不久,她在收拾东西时,突然发现有个陌生的男人站在门口。看到教室内空荡荡的,这个男人迅速走到她面前,用颤抖的声音命令她脱了衣服。意识到他的焦虑和不安,她开始全神贯注地体会他当时的感受。遇到这么出乎意料的反应,这个男人犹豫了一下,接着大声吼道:"快脱了衣服!"

"你似乎有些不安,安全对你特别重要,是吗?"她问道,同时继续体会着他的感受和需要。

"对极了,"这个男人嚷道,"快脱衣服,要不有你好看的!"

"请告诉我,是不是有别的方式可以满足你的需要,而不用伤害我?"她问。

"我和你说了,快脱衣服。"这个男人脱口而出。

"听起来,这对你很重要。同时,我希望你知道,我真的很害怕。你知道吗?如果你愿意离开这里而不伤害我,我会极为感激!"她继续说。

"拿钱包来。"这个男人喊道。

这位教师把钱包递给了那位男子。她很庆幸自己没有被强奸。后来,她回忆说,那位男子每听一次她的反馈,他想强奸她的冲动似乎就减弱一些。

还有一次,一位警官在非暴力沟通研讨班开始前和我说了以下一番话:

"我非常高兴,在上一期的研讨班中,你请我们练习如何倾听他人。

几天后，我就被派去逮捕一个人。当我把他带出来时，大约有60人围住了我，不让我上车。他们大声喊道：'放他走！''他什么也没做！''你们警察是种族主义者！'虽然我怀疑倾听他们并给予反馈能够发挥作用，但当时并没有别的选择。所以，我努力理解他们，'你们不相信逮捕这位先生是合理的？''你们认为这是种族歧视？'几分钟后，他们就不像刚开始那样充满敌意。最后，他们让开了一条路，我把那个人带上了车。"

另外还有个故事是关于一位年轻妇女如何运用倾听预防了潜在的暴力。这位妇女当时在多伦多的一所戒毒中心上晚班。在晚上十一点，有个男人走了进来，要求给他一个房间休息。这个男人看起来刚吸过毒。这位女士向他解释说，所有的房间都已经满了。当她递给他另一个戒毒中心的地址时，他把她摔到了地上。她回忆说："他坐在我的胸部上，拿着一把刀对着我的喉咙，大声嚷道，'狗娘养的，不要对我撒谎！你一定有房间！'"

幸运的是，这时她仍能够注意倾听他的感受和需要。

"在那样的情形下，你还记得运用非暴力沟通？"我很惊讶。

"我有别的选择吗？绝望有时也许会给一个人带来灵感！你知道，马歇尔，"她补充说，"你那天讲的话对我真的有帮助。实际上，那句话救了我的命。"

"什么话？"

"你和我们说，在一个生气的人面前，永远不要用'不过''可是''但是'之类的词语。一开始，我很想为自己辩护，我想和他说，'可是，我们真的没房间'。幸好，在那时，我想起了那句话。我一直记得别人生气时，要倾听，不要说"但是"。

这句话，是因为在一周前，妈妈在和我争吵时说，'如果我说什么，你都说'但是'，小心我杀了你'。想一想，我妈妈生气时听到'但是'都想杀了我，何况那个男人呢？如果我在他愤怒时说，'可是，我们真的没房间'，我想我早就没命了。"

"所以，我深吸了一口气，对他说，'看起来，你真的很生气，你想有一个房间可以休息'。他大声嚷道，'就算我是个瘾君子，我也需要尊重。没有人尊重我，气死我了。连我的父母都看不起我！我需要尊重！！！'于是，我就问他，'得不到别人的尊重，你是不是很气愤？'"

"你们的对话持续了多长时间？"我问她。

"哦，大约是35分钟时间。"

"听起来，真是很恐怖！"

"刚开始时确实很恐怖，不过，说了几句话后，我就不再将他看作是恶魔。就像你说的，那些被我们看作是恶魔的人，其实还是人。只是有时我们无法看到他们和我们的相通之处。我越是专注于他的感受和需要，我就越把他看作因需要没有得到满足而感到绝望的人。我开始相信，他不会伤害我。实际上，他后来就放开了我，并把刀收了起来。我也帮他在另一个戒毒中心找到了住处。"

对她能在那样极端的情形下运用非暴力沟通，我十分欣喜。我好奇地问："你怎么还回来参加研讨班呢？听起来，你已经精通了非暴力沟通，都可以去给别人讲解了。"

"我遇到了更大的困难。"她说。

"哦，与你的遭遇相比，还会有什么更大的困难呢？"

"关于和我妈妈的沟通，我需要你的帮助。尽管我知道要谨慎使用'不过''可是''但是'这些词语，但对于接下来发生的事情，我感到

▌倾听亲人也许极为困难。

很沮丧。在第二天晚上晚餐时,我和妈妈谈到了这段经历,她说,'如果你继续做这份工作,我和你爸爸都会得心脏病。你应该立即换一份工作'。你猜猜看我说了什么。我回答说,'可是,妈妈,这是我的生活'。"

我很难找到更好的例子来说明家庭成员之间的沟通有多困难。

如果别人说"不!"

当别人说"不"的时候,我们常常会认为他们是在拒绝我们。有时,我们甚至还会觉得自己受到了伤害。然而,如果我们能够体会他人的感受和需要,我们也许就会发现是什么使他们无法答应我们的请求。

有一次,在研讨班的休息时间,我请大家一起去附近的咖啡店喝咖啡。有位女士很唐突地说:"不!"我愣了一下,不过,很快我就提醒自己倾听她的感受和需要。"你好像有些不高兴?"我问她。

"不是这样的,"她说,"只是我不想每次一张嘴就被你纠正。"

从她的回答看来,她并没有生气,而是有些不安。于是,我就问她:"你担心,在喝咖啡时不能自由自在地谈话吗?"

"是的,和你去喝咖啡,我担心你会一直留意我说话的方式。想到这一点,我就不想去了。"

在研讨班中,我认真听她的每一句话,并提示她如何用非暴力沟通来表达。通过倾听她说"不"时的感受和需要,我发现,她担心我在公共场合也会评价她的表达方式。于是,我就告诉她,在公共场合,我不会那样做。同时,我们还讨论了,在研讨班中怎样给她建议,她才不会感到不安。顺便说一句,她后来和我们一起去喝了咖啡。

使谈话生动有趣

有的时候,谈话的气氛很沉闷。我们体会不到说话的人有怎样的感受和需要,也不知道他对我们有什么期待。这样的谈话是很累人的。它只是在浪费我们的时间,而无法帮助我们与他人加深联系。这种局面的出现往往是因为说话的人并不清楚自己的感受、需要和请求。

怎么做才可以扭转这种局面,使谈话生动有趣呢?我的建议是,尽快提醒说话的人留意自己的感受和需要。等得越久,也就越难做到这一点。我们这样做并不是要以自我为中心,而是请求他人体会自身的状态。

例如,如果一位邻居又一次讲到她 20 年前痛苦的经历——她丈夫抛弃了她和两个年幼的孩子,我们也许就可以插话说:"听起来,你现在还是愤愤不平。你很需要关心和体贴?"人们常常没有意识到,他们需要的是别人的理解和接纳。他们也没有意识到,直接表达自己的感受和需要,与讲故事相比,更容易得到他们所期待的联系。

使谈话生动有趣的另一种方法是直接表达我们的愿望。有一次,在参加聚会时,我觉得气氛很沉闷。于是,我就对其他人说:"对不起!我有点不耐烦,因为我想与大家加深联系,却又没有做到这一点。我想知道,我们刚才的谈话能否满足你的需要;如果能满足,满足的是什么需要。"

其他九个人瞪着我,仿佛我往菜汤里扔了一只蟑螂。幸运的是,我

吕健菲 8岁

▎说的人更希望对方打断,而不是假装在听。

当时能够用心体会他们的感受和需要。"你们不高兴是因为你们想继续谈下去?"

一片沉默。接着,有个人回答说:"不,我没有不高兴。我是在想你说的话。是的,我也觉得刚才的谈话很无聊;实际上,我已经烦透了!"

听到他的回答,我很惊讶,因为刚才他的话最多。现在,我将不再为类似的事情感到惊讶:我已经发现,如果听的人很烦,说的人一般也会觉得很无聊。

你也许会想,打断另一个人的谈话,是不礼貌的。我曾经做过一个非正式的调查。我的问题是:"如果你说的话别人不想听,你是希望对方假装在听还是直接打断你?"我问了许多人,只有一个人不希望被打断。听到他们的回答,我更确信,打断别人比假装在听,更符合对方的愿望。所有的人都希望自己的话对人有益,而不想被人当作负担。

如果别人保持沉默

有的时候,我们说了心里话,很想知道对方的反应,却发现对方一句话也不说。这时,我们也许会很不安,容易把事情往坏处想。在别人保持沉默时,我们一般会觉得有些别扭,而很难静下心来体会对方的感受和需要。

有一次,在为一个公司提供咨询服务时,我动了感情,哭了起来。等我平静了下来,我发现这个公司的董事长转过身去,默不作声。我有些困惑,想知道他怎么了。于是,我就问他:"你生气了吗?你希望你请来的顾问能有更好的自制力?"

如果他回答"是的",那意味着我们对表达情感的方式有不同的理解——我不会因此而责备自己。然而,董事长并没有说"是的",他回答说:"不是这样的。我在想我的太太多么希望我能哭啊。"他接着讲到,他的太太正要和他离婚。这些年来,她一直在抱怨,和他生活在一起,就像和一块石头生活在一起。

在当心理医生时,一位 20 岁的女士被她父母带来见我。这位女士刚接受过精神病的治疗,在短短几个月的时间内,她经历了药物治疗、住院治疗以及休克疗法。在过去的三个月,她一句话也不说。她父母搀扶着她来我办公室,如果没有人扶着,她就一动也不动。

她蜷缩在我办公室的椅子上,身子不停地发抖,眼睛呆呆地看着地板。我用心体会着她,并问道:"你害怕吗?你要觉得安全,才开始说话,是吗?"

她看上去一点反应也没有。于是,我就说出了我的感受:"我很担心你。请告诉我,我说些什么或做些什么,你会觉得安全些?"仍然没有反应。在接下来的 40 分钟中,我要么将我体会到的她的感受和需要反馈给她,要么就表达我自己的感受和需要。她一直都没有什么明显的反应,仿佛她根本就没有意识到我正在和她交谈。最后,我和她说,我累了,我想请她第二天再来。

后两天的情况和第一天基本上没什么不同。我仍然用心体会着她的感受和需要,有时我会说出我的理解,有时就静静地坐在她身边。在另外一些时候,我会和她说我的感受和需要。而她坐在她的椅子上,不停地发抖,什么也没说。

在第四天开始时,她仍然没有任何反应,我把手伸了过去,握住她的手。由于不知道语言是否可以传达我对她的关心，我寄希望于身体的接触。我的手刚一碰到她的手，她就变得更加紧张，并把身体往后缩。正当我要把手放开的时候，我发现她有些放松了，于是，我继续握着她的手。在接下来的几分钟，我一边握着她的手，一边像第一天那样和她谈话。我发现她越来越放松，但仍然什么也没说。

第五天，她再来的时候，看起来比以前紧张得多。她坐下来后，就转过身去，把攥得紧紧的拳头伸到了我面前。一开始，我有点困惑，不知道她是什么意思。但很快，我就猜出，她有东西要交给我。我把她的拳头放到了手里，然后从她的手掌中找到了一张皱巴巴的纸条，上面写着："请帮我说出心里话。"

读了这句话，我喜出望外。一个小时以后，她终于说出了一句话，她的语速很慢，声音有些颤抖。当我告诉她我的理解时，她放松了一些，然后继续表达她自己。一年以后，她给我寄来了她后来在日记中写下的话：

"我出院了，不再接受休克疗法和药物治疗。那时大概是4月。前3个月发生了什么事情，我头脑里一片空白。

"他们告诉我，出院后，我在家里，什么也不吃，一句话也不说，只想躺在床上。这时，他们把我送到了卢森堡博士那里。在接下来的三个月中，卢森堡博士在他办公室中和我的谈话，仿佛就是我生活的全部。

"在和他谈话后，我开始'醒'了过来。我开始和他说我的烦心事——我以前做梦也没有想到，我会和任何人提到这些事情。这对我的生活产生了决定性的影响。一开始，我感到难以启齿。但卢森堡博士关心我，并取得了我的信任，我愿意说给他听。每次说出心中的烦恼，我都会觉得开心些。每次会面结束后,我就开始计算离下一次见面的时间,还有几天、几小时。

"我认识到,面对现实,并非完全是坏事。我还认识到,有许多的事情,我无法逃避,需要独自去担当。

"我很害怕。我发现自己在挣扎。有的时候我竭尽全力,却还是做不到。幸运的是,我也看到,现实还有好的一面。

"在过去的一年,我发现,有机会说出自己的心里话,并得到他人的倾听和理解,是多么地幸福!"

直到今天,看到倾听对人的影响,我还会感到惊喜。一次又一次,我见证了,倾听帮助人们治愈了心灵的创伤。作为一个听众,我们并不需要心理学知识或接受有关精神疗法的训练。关键是,我们有能力体会一个人在某个时刻独特的感受和需要。

小　结

倾听使我们勇于面对自己的弱点。它还可以帮助我们预防潜在的暴力,使谈话生动有趣,并了解"不!"和沉默所反映的感受和需要。一次又一次,我见证了,倾听帮助人们治愈心灵的创伤。

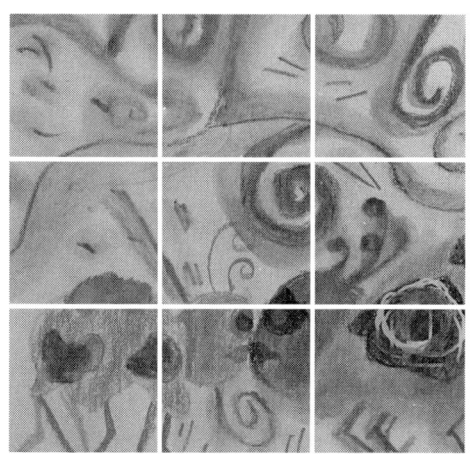

第九章　爱自己

> 非暴力沟通最重要的应用也许是培养对自己的爱。

我们已经了解如何使用非暴力沟通来发展友谊，促进家庭和睦，改善工作交流以及推动政治和解。然而，非暴力沟通最重要的应用也许在于——爱护自己。

让生命之花绽放

在赫布·加德纳（Herb Gardner）编写的《一千个小丑》一剧中，主人公拒绝将他12岁的外甥交给儿童福利院。他郑重地说道："我希望他准确无误地知道他是多么特殊的生命，要不，他在成长的过程中将会忽视这一点。我希望他保持清醒，并看到各种奇妙的可能。我希望他知道，一旦有机会，排除万难给世界一点触动是值得的。我还希望他知道为什么他是一个人，而不是一张椅子。"

然而，一旦负面的自我评价使我们看不到生命的美，我们就会忘记自己是"特殊的生命"，而把自己当作一张椅子。如果我们习惯于将自己视为工具——充满各种缺陷的工具，自我憎恨还令人奇怪吗？

如何培养对自己的爱呢？转变自我评价的方式是一个重要方面。既然希望自己所做的任何事情都是有益的，那么，自我评价的方式就要有助于学习，使我们的选择符合生命的需要。然而，不幸的是，我们的自我评价方式往往导致自我憎恨，而无助于学习。

当我们的表现不完美

在一个研讨班中，我请参加者回忆近期他们做后就感到后悔的一件事情。接着，我提醒他们特别注意，他们认为自己做错事后，会和自己说什么。比较典型的话有："笨蛋！""这种蠢事你也干得出！""你有毛病？""你总是把事情搞得一团糟！""真自私！"

他们的自责意味着：他们认为自己所做的事情是错的或不好的，他们应当为此感到痛苦。然而，可悲的是，许多人陷于自我憎恨之中，而无法从失误中获益——失误揭示我们的局限性，并引导我们的成长。

即使我们有时通过严厉的自责"得到了教训"，我也会担心这种变化和学习的驱动力。我希望，我们的改变是出于对生命的爱，而不是出于羞愧或内疚这些具有负面影响的心理。

如果自我评价使我们羞愧并改变行为，我们也就允许自我憎恨来引导自己的成长和学习。羞愧是自我憎恨的一种形式，出于羞愧的行为不是自由而快乐的行为。即使我们试图更加友善和体贴，一旦人们意识到我们行为背后的羞愧或内疚，他们对这些行为的欣赏也就比不上那些只是出于爱的行为。

在我们的语言中，有一个词极易引起羞愧和内疚。我们经常使用它来打击自己。它在我们的意识中是如此根深蒂固，以致许多人无法想象，没有它生活将如何继续。这个词就是"应该"，也就是"我应该早点知道"或"我

> 自责是尚未满足的需要的可悲表达。

不应该做那件事情"中的"应该"。如果我们认为自己"应该"怎么样,在大多数的情况下,我们也就封闭了自我。因为"应该"意味着我们别无选择。这使我们感到无奈和沮丧。同时,又心有不甘,不愿屈服。

除了"应该"这个词,我们还用别的方式教训自己,例如:"我真受不了自己现在这个样子。我必须改改了。"想一想那些强迫自己的人。他们中有的人说:"我真的应该戒烟了。"另一些人说:"我必须加强锻炼。"他们不断地说他们"必须"做什么,与此同时,又不停地找借口不那么做,因为没有人想成为奴隶。当然,我们也不是命中注定要去服从"应该"或"不得不"的指挥,不论它们是来自外部,还是来自我们自身。一旦顺从了这些命令,生活也就会失去乐趣。

为什么会自责?

经常责备自己、强迫自己将使我们"更像椅子而不像人"。非暴力沟通认为,对他人的指责反映了我们遇到了挫折——他人的行为不符合我们的需要。如果我们指责的那个人恰好是我们自己,那么,言下之意是:"我的行为不符合我的需要。"我相信,如果我们专注于需要是否得到满足以及得到怎样的满足,我们就更有可能从自我评价中获益。

一旦发现自己正在做无益的事情,我们的挑战是如何对需要和价值观保持清醒的认识,以使我们的转变:

(1)符合我们的心愿;

(2)出于对自己的尊重和爱护,而不是出于自我憎恨、内疚或羞愧。

> 非暴力沟通的忧伤：当我们的行为无法满足自身的需要，我们体会着人生的悲哀和内心的渴望。

非暴力沟通的忧伤

我们成长在学校教育和社会化的影响中，对于大多数的人来说，培养自己在各种情境中都专注于生命的需要及价值观，也许已经太迟了。然而，既然我们可以用心体会他人的评论所反映的需要，我们一样可以了解自责所反映的需要。

例如，如果发现我们痛骂自己："你看你，又把事情搞砸了！"我们马上就可以问："我什么样的需要没有得到满足？"一旦意识到自己尚未满足的需要——很可能是多个层面的需要，我们的身心状态就会发生明显的变化。我们不再感到羞愧、内疚和沮丧，而开始体会到别的情感。不论它们是忧愁、失望、恐惧、悲伤、挫折感或别的——其目的都是推动我们去满足需要和追逐梦想。

非暴力沟通鼓励我们直面人生的苦难：在遇到挫折时，充分体会人生的悲哀和内心的渴望。是的，感到遗憾是难免的。但它能帮助我们从经历中学习，而无须责备自己。我们意识到过去的行为违背了自己的需要及价值观，并允许这种觉察引发的情感充分流淌。一旦专注于尚未满足的需要，我们就会考虑如何满足它。反之，如果用苛刻的语言指责自己，我们不仅难以找到解决办法，而且容易陷于自我惩罚的痛苦中。

> 非暴力沟通自我宽恕：感到遗憾时，我们试图了解过去的行为所要满足的需要。

自我宽恕

接着，我们试图理解自己过去的所作所为。我们问自己："我做那件事情是为了满足什么需要？"我相信，人的行为总是服务于自身的需要及价值观——不论它是否能够实现目的，也不论我们事后是感到庆幸还是遗憾。

通过聆听自己的心声，我们就能发现心灵深处的需要。此时，我们就可以原谅自己。我们意识到，尽管过去的选择并不理想，但它也是为了实现内心的渴望。

爱惜自己的关键之一是同时包容那两个不同的"我"：一方面包容对过去的某种行为感到后悔的"我"，另一方面包容采取那种行为的"我"。非暴力沟通的忧伤及自我宽恕为个人的学习和成长创造了条件。只要对自己的需要保持清醒的认识，我们就能建设性地满足它们。

外衣染上墨水带来的启发

我想通过个人经历来说明非暴力沟通的忧伤及自我宽恕。在一个研讨班开始前的一天，我买了一套浅灰色的夏季外衣。这个研讨班很重要，出席的人很多。在结束时，许多人围着我询问地址及其他信息，并请我签名。为了赶下一场会面，我匆忙地回答问题，并紧张地签字和留言。当我飞快地冲出门时，我将笔放入了新外套的口袋。我居然忘了戴

> 当我们拥抱自己的各个方面，并理解它们所反映的需要及价值观，我们活在对自己深深的爱之中。

笔帽！等到了外面，我吓了一跳——那件雅致的浅灰色外套已染上了墨水！

有二十分钟的时间，我不停地训斥自己："你怎么可以这么粗心？这么愚蠢的错误！"我刚损失了一套崭新的外衣，如果我在生活中需要得到体谅，那么，此刻正是时候。可是，我却是在训斥自己，这简直糟透了。

幸运的是，二十分钟后，我意识到自己正在做什么。我静了下来，开始想外衣染上墨水使我什么样的需要得不到满足。我问自己："我责备自己'粗心'和'愚蠢'，是想要满足什么需要呢？"

我马上就明白了，其实我是想照顾好自己：在匆忙地回应他人的请求时，要多留意自己的需要。此时，我的心情也随即发生了变化。我不再感到恼怒、羞愧和内疚，身体也一阵轻松。我体会着损失一件新外衣及忘记戴笔帽的悲哀，以及照顾好自己的强烈愿望。

接着，我开始考虑，我为了满足什么样的需要而随手把笔放入口袋中。这使我意识到，回应他人的请求对我是多么地重要。遗憾的是，为了尽量满足他人的需要，我忽视了自己的一些需要。想到这些，我并没有责备自己，而是感到对自己深深的爱——即使在我心不在焉地把笔放入口袋的时候，我也是在满足自己服务他人的渴望。

这样，我做到了同时包容上述的两种需要：一方面，服务他人；另一方面，照顾好自己。我相信，在类似的情形中，只要能意识到这两方面的需要，我就能灵活地克服困难。反之，如果陷于内心的冲突，只会使情况更糟。

> 让我们的行动基于对生命的爱,而非恐惧、内疚、羞愧或义务。

"不要做任何没有乐趣的事情!"

非暴力沟通的忧伤及自我宽恕可以激发我们对生命的爱。此外,我想强调的是,我们行为的动机反映了我们是否爱惜自己。当我建议"不要做任何没有乐趣的事情"时,有些人觉得我很极端,甚至精神不正常。然而,我深信,出于对生命纯洁的爱,而不是出于恐惧、内疚、羞愧、职责或义务来选择生活,是爱惜自己的重要体现。如果我们致力于满足他人及自己健康成长的需要,那么,即使艰难的工作也不乏乐趣。反之,如果我们的行为是出于义务、职责、恐惧、内疚或羞愧,那么,即使有意思的事情也会变得枯燥无味。

在第二章中,我们谈到了如何使用负责任的语言来代替回避责任的语言。许多年前,有个练习给我带来了极大的快乐和欣喜,使我从此很少感到沮丧、内疚和惭愧。我将在下文中介绍这个练习,希望它有助于人们深入理解自己的人生选择,并找到快乐的生活方式。

用"选择做"代替"不得不"

第一步

在日常生活中,你觉得哪些事情没意思,却又认为自己不得不做?请将它们列在一张纸上。

当我第一次审视自己的清单时,仅仅是它的长度就让我明白为什么我活得很不开心。我终于意识到，有许多事情，我之所以日复一日地去做，是因为我相信那是不得不做的事情。

我清单上的第一项是"写临床报告"。我讨厌写那些报告，然而，每天我至少要折磨自己一个小时。第二项则是"开车送小孩上学"。

第二步

列好清单后，向自己坦白：你做这些事情是因为你选择了做它们，而不是因为你不得不做。在你所列的每个项目前，加上"我选择做"。

当时，我对这一步骤有些抗拒。我反复强调："写临床报告不是我的选择！我不得不做！我是一个临床心理医生。我不得不写这些报告。"

第三步

一旦承认某一行为是你的选择，就填写以下的声明来了解你为什么要那么做："我选择做_____是因为我想要_____。"

起初，我怎么也想不清楚我到底为什么要写临床报告。几个月前，我已经确信，对我的病人来说，临床报告用处并不大，花那么多时间是不值得的。既然如此，为什么我一直费尽苦心准备这些报告呢？最后，我终于明白了，我选择写临床报告，是因为我想从中得到收入。于是，从35年前的那一刻起，我就再也没有写过一份临床报告。想到自己少写了无数的临床报告，我的快乐真是无法形容！当认识到钱是我的主要动机时，我马上就想到我可以用别的方式来获得收入；而事实上，我宁可在垃圾箱中觅食，也不愿再写一份临床报告。

我清单上的第二项是开车送孩子上学。当我琢磨自己为何要这么做时，我发现，我很欣赏我的孩子从他们现在的学校得到的教育。虽然他

> 不论你选择做什么，了解自己为什么要那样做。

们可以步行到附近的学校上学，但他们所在的学校提供的教育更符合我的价值观。想到这一点，在开车送孩子上学时，我的感受就不一样了。在这以前，我会说："倒霉！今天又不得不开车送孩子上学。"而在这之后，我理解自己为什么要这么做——那是为了孩子们能够得到我所看重的教育。当然，有的时候，在路上我需要提醒自己两三次开车送孩子上学的意义。

深入理解我们行为的动机

你在思考"我选择做_____是因为我想_____"这个问题时，也许会像我考虑开车送小孩上学时那样，发现自己行为背后的价值取向——你在生活中看重什么。我确信，一旦意识到我们的行为所服务的需要，即使工作很艰苦、富有挑战性乃至举步维艰，我们也会从中得到乐趣。

然而，你也许会发现，清单上的一些行为是出于下列的一种或多种动机：

1）为了钱

钱是社会回报一个人的主要形式。如果我们的行动是为了得到报酬，我们付出的代价是失去生活的乐趣；反之，如果我们的行动只是出于对生命的爱，快乐将会伴随着我们。在非暴力沟通中，钱并不被认为是一种"需要"；它只是被用来满足某种需要的无数种策略中的一种。

2）为了得到赞同

像钱一样，来自他人的赞同也是一种回报。受社会化的影响，我们

> 为了钱、他人的赞同,以及出于恐惧、羞愧或内疚的心理,你做了哪些事情? 想一想你为这些事情付出的代价。

渴望得到奖励。上学时,学校使用外在的手段来激励我们学习。在家里,做一个好男孩或好女孩,我们就会得到礼物;反之,如果大人认为我们调皮捣蛋,我们就会受罚。于是,等我们长大成人,我们误以为生活的目的就是为了获得回报。我们迫切地希望得到人们的微笑,听到一点鼓励,盼着人们夸我们是"好人""好家长""好市民""好员工"以及"好朋友"等等。为了讨人喜欢,我们努力迎合他人;为了避免招人嫌恶,我们不做那些不受人欢迎的事情。

于是,为了博得他人的喜爱,我们费尽心思、委曲求全。这是很可悲的。实际上,如果我们的行为只是出于对生命的爱,人们自然会心存感激。他们的感激也是在给我们确认:我们的行为有益于他们的生活。一旦如愿活出对生命的爱,我们所体会到的欢乐是他人的赞同永远无法给予的。

3)为了逃避惩罚

有些人缴纳个人所得税主要是为了免受惩罚。这使他们对每年度例行的纳税产生了抵触情绪。然而,想起小时候我父亲及祖父对纳税的态度,感到真是今非昔比。他们从俄罗斯移民到美国,热衷于支持一个他们认为比沙皇更能保护人民利益的政府。想到许多人的福利有赖于他们的纳税,每次将支票寄给美国政府时,他们都无比地喜悦。

4)不想感到羞愧

我们知道,如果不做某些事情,我们就会责备自己。我们认为不做那些事情是不对的、愚蠢的。可是,如果为了体面而循规蹈矩,我们最终难免会感到厌烦。

5)为了避免内疚

在另外一些情形,我们也许会想:"如果我不做这件事,别人会感

> 最危险的行为也许是"因为别人的要求"我们不得不做。

到失望。"此时,我们担心无法满足他人的期待。同样一件事情,不同的目的会给我们带来截然不同的感受。如果为了避免内疚,我们将活得可怜兮兮;如果为了活出对他人的爱,我们的生活将充满乐趣。

6)为了履行职责

使用"应该""不得不""应当""必须""不能""被迫"这样的词语,意味着我们受到内疚、职责或义务的逼迫,感到自己无可奈何。我确信,一旦生命的需要被忽视,我们的行动对社会来说极具危险,对个人来说则极为不幸。

在第二章中,我们看到"行政命令"(Amtssprache)这一概念的恶果:艾希曼及其同事使数以万计的人丧命,却不认为负有任何的个人责任。当我们认为自己无可奈何时,我们不再是生活的主人,而是沦为了机器。

在仔细思考清单上所列的各项事情后,你也许会像我选择放弃写临床报告那样,决定不做某些事情。即使这听起来似乎很激进,但我们只做有乐趣的事情是可能的。我相信,我们越是投入服务生命的乐趣中——服务生命是唯一的目的,我们也就越爱自己。

小 结

非暴力沟通最重要的应用也许在于培育对自己的爱。当我们的表现不完美时,我们可以通过体会忧伤和自我宽恕,来看清个人成长的方向,以及避免自我惩罚。评价自己的行为时,我们专注于尚未满足的需要;这样,我们就不再依赖羞愧、内疚、恼怒或沮丧的心理来寻求改

「回报妈妈的爱。」 王芊一 8岁

变，而让爱主导我们的学习和成长。

同时，在日常生活中，我们主动根据需要和价值观来选择生活。我们的行为不再是为了履行职责、获得回报、逃避惩罚或避免感到内疚和羞愧。通过深入理解我们行为的动机，并用"选择做"来取代"不得不"，我们的生活将变得和谐并充满欢乐。

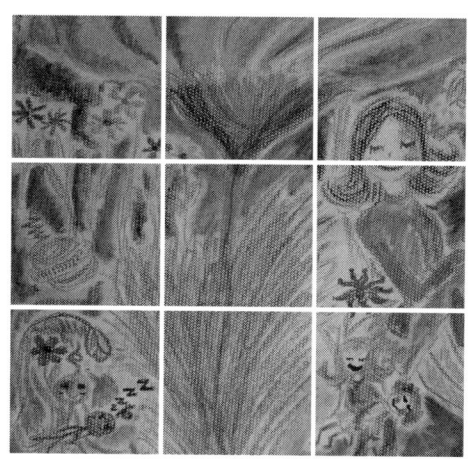

第十章　充分表达愤怒

关于如何表达愤怒，非暴力沟通和其他沟通方式有着显著的区别。通过探讨非暴力沟通表达愤怒的过程，我们可以更深入地了解非暴力沟通。

我想说的是，杀人太肤浅了。在生气时，杀人、打人、骂人都无法真正传达我们的心声。如果真的很生气，我们就需要找到强有力的方式充分表达自己。

听到这样的观点，许多人松了一口气。他们受到了压迫和歧视，生活痛苦不堪。"不要生气""接受现实"之类的话，他们已经听得太多了。那些话听起来就像是在教训他们。他们没有兴趣再听一些高谈阔论，而想学一些实用的知识，来减轻痛苦。幸运的是，非暴力沟通并不主张忽视或压抑愤怒，它认为，通过深入地了解愤怒，我们可以充分表达内心的渴望。

为什么我们会生气？

充分表达愤怒的第一步是我们不再归咎于他人。如果我们认为"他让我很生气"，那么，我们难免就会指责他人。然而，实际情况是，我

▎生气的原因在于我们的想法——对他人的评判和指责。

们心情并不取决于他人的行为。

我想举一个例子来说明外在刺激与内在原因之间的区别。在瑞士的监狱，我曾给那里的囚犯讲解如何表达愤怒，而不是去杀人、打人或强暴妇女。其中有个练习是请他们写下某件激怒他们的事情。一位名叫约翰的犯人写道："三个星期前，我向监狱的官员提出了一个请求，至今他们仍没有反馈。"很明显，他写下了他的观察。

接着，我请他解释他生气的原因："发生这个事情后，为什么你会生气呢？"

"我刚才已经和你说了，"他大声地说道，"我生气是因为他们没有回应我的请求。"看来，他把外在刺激等同于内在原因，并认为监狱官员的行为让他生气。如果在一个社会中，内疚被运用来控制人；那么，指责他人就容易成为一种习惯。同时，为了使这种手段奏效，我们可能就会认为一个人可以主导另一个人的情绪。

在前面的章节中，我们提到，"你成绩不好让爸爸妈妈伤透了心！"这样的话是希望孩子们相信，他们的行为造成了父母的痛苦。同样的，情人之间也可能会说："你没来庆祝我的生日，让我很失望。"类似的话还有，"你要气死我啊""你那样做让我很难过""你真给我丢脸"等等。

到底是什么让我们生气呢？我们从第五章了解到，听到不中听的话时，我们有四种选择：1. 责备自己；2. 指责他人；3. 体会自己的感受和需要；4. 体会他人的感受和需要。当我们选择第二种反应时，我们认为别人应当认错或受罚——我相信这就是我们生气的原因。

当我们选择第三种反应时，我们专注于自己的感受和需要。我们用心体会着自己，而不再分析别人犯了什么错。我们越是用心体会自己的

> 希望他人因为内疚发生改变,就是将刺激和原因混为一谈。

感受和需要,我们也就越能留意到自己的心理活动。

假定我们约了个人,时间到了,她却没来。如果彼此的关系处于比较微妙的时期,我们可能会忧心忡忡。如果我们看重的是诚实守信,我们也许会觉得不耐烦。反之,如果我们想休息一会儿,我们可能就不会介意她来晚了。因此,同一件事情,不同的需要导致不同的感受。一旦意识到自己的需要——不论是友谊、诚信还是休息,我们就可以更加体贴自己。我们可能会有强烈的情绪,但不再生气。可是,如果意识不到自己尚未满足的需要,一心考虑别人的过错,我们难免就会生气。

除了专注于自身的感受和需要,我们还可以选择去体会对方的感受和需要。此时,我们也不会感到生气。我们无须压抑愤怒,只要我们专注于他人的感受和需要,愤怒也就不再存在。

"合理的愤怒"?

"但是,"有人问我,"在有些情况下,愤怒不是理所当然的吗?例如,看到各种破坏环境的行为,愤怒不正是正直的表现吗?"我的回答是,如果我把人看作是"正直的"或"不正直的","负责任的"或"不负责任的",那么,我的想法也会带来暴力。我坚信,专注于我们的需要,比评判他人是什么人,更有益于生活。

在我看来,愤怒是我们的思维方式造成的。它的核心是尚未满足的需要。如果我们能够借助它来提醒自己——我们有需要没有得到满足,而我们的思维方式正使它难以得到满足,那愤怒就是有价值的。为了充分表达愤怒,我们有必要明了自己的需要并采取行动。然而,做到这一

> 愤怒驱使我们去惩罚他人。

点并不容易。因为愤怒驱使我们去惩罚他人，而不是去满足需要。为此，我建议，与其沉浸于"合理的愤怒"，不如倾听自己和他人的需要。这也许需要一个过程，但通过不断的实践，我们将会有意识地用"我生气是因为我需要……"来取代"我生气是因为他们……"。

我曾在威斯康星州的一所学校提供咨询服务。连续两天，在劝架时，我的鼻子都挨了重重一击。第一天，我的鼻子被一个孩子的肘部击中了。我差点就一拳打了回去。在我小时候，只要受了轻微的伤害，我都会给予回击。第二天，又有两个小孩吵架，我的鼻子被一个小孩打中了，这次痛得更厉害，血流得更多，但我并没有生气。

当我回想起那两天的经历时，我发现，我一开始就把第一个孩子看作是"被宠坏的孩子"。所以，他打到我时，我极为恼怒。我心里想："这家伙太猖狂了！"我对第二个孩子的看法则不同，我把他看作是"软弱的孩子"。由于我比较担心这个孩子，当我的鼻子被他打伤时，我并没有责怪他。这段经历帮助我认识到，我生气的原因不在于别人做了什么，而在于我怎么看待对方及其行为。

暴力的种子

下文是我在瑞士监狱中与约翰的谈话记录。我想借助它来说明区分外在刺激与内在原因的实际意义。

约　翰："三个星期前，我向监狱的官员提出了一个请求，至今他们仍没有反馈。"

> 当我们意识到自己的需要，愤怒就转变为服务需要的情感。

马歇尔："发生这个事情后，为什么你会生气呢？"

约　翰："我刚才已经和你说了，我生气是因为他们没有回应我的请求。"

马歇尔："等一下。在你说'我生气是因为他们……'时，停下来想一想，你和自己说是什么让你生气了？"

约　翰："我没和自己说什么。"

马歇尔："好，现在停下来，好好体会一下你的心情和想法。"

约　翰：（沉默了片刻，然后说）"我告诉自己，他们一点都不尊重人，他们冷漠无情，只在乎自己的利益。他们真是一群混蛋……"

马歇尔："谢谢。这足够了。现在你知道自己为什么生气了吗？是因为这些想法吗？"

约　翰："但是，这样想有什么不对？"

马歇尔："我不是说你这样想有什么不对。我也没有说，你不该说他们冷漠无情、自私……。但是，这样的想法让你很生气。想一想，你有什么需要，'在此时此刻，你需要什么？'"

约　翰：（沉默了很久，然后说）"马歇尔，我需要他们让我去参加那些培训。如果我无法参加那些培训，出狱后，我还会再进来的。"

马歇尔："现在你把注意力放在了你的需要上。你是什么样的心情？"

约　翰："害怕。"

马歇尔："现在，假定你是监狱的官员，而我是犯人。如果我把你看作是冷漠无情的官僚，即使我没有当面指责你，那样的想法也会通过眼神流露出来。如果我和你说'我真的很需要那些培训，如果无法接受培训，我担心我迟早还会被送进监狱……'与把

> 听到不中听的话时，我们想起那四种选择：1. 责备自己；2. 指责他人；3. 体会自己的感受和需要；4. 体会他人的感受和需要。

你看作是冷漠无情的官僚相比，哪种方式更可能使我的愿望得到满足呢？"

（约翰眼睛直盯着地板，沉默不语。）

马歇尔："嘿，伙计，在想些什么？"

约　翰："说不出口。"

三个小时后，约翰过来和我说，"马歇尔，我真希望，你两年前就和我说你早上的那番话，那样，我就不会杀了我最好的朋友。"

如果人们认为自己的痛苦是由其他人造成的，并认为那些人应该受到谴责或惩罚，那么，就像这位年轻的囚犯那样，他们播下了暴力的种子。

有一次，我发现我的小儿子从他姐姐的房间拿走了五十美分。我问他："布莱特，你问过姐姐了吗？""我没有拿她的钱。"他答道。这时，我想到那四种选择。我可以说他撒谎或说他不尊重我，可是指责一个人，往往使我们的愿望更难得到满足。然而，如果我用心体会他的感受和需要，或直接表达我的感受和需要，我的需要就较有可能得到满足。

作出选择后，我表达自己的方式，更多的是通过行动而非语言。我倾听他的感受——他感到害怕，他的需要是保护自己避免受到惩罚。通过体会他的感受和需要，我们的感情加深了，这样，我们就能使双方的需要都得到满足。然而，如果在和他说话时，我已经把他看作是不诚实的孩子——不管有没有说出来，他一般就会由于害怕而不敢说出事实。换一句话说，如果把他人看作是说谎的人，那么，这种看法很可能就会成为预言。如果知道说出事实会受到惩罚，为什么还要说出事实呢？

如果我们满脑子是非对错，把某些人看作是贪婪的人、不负责任的

> 表达愤怒的步骤：
> 1. 停下来。呼吸。 2. 留意我们的指责。
> 3. 体会我们的需要。 4. 表达感受和尚未满足的需要。

人、骗子或其他类型的坏人，那么，我们就很难与他们建立良好的关系。例如，为了保护环境，我们和一个大公司的总经理说："你知道，你们是名副其实的地球杀手，你们不能再这样滥砍滥伐了！"很明显，以这样的方式去和他们沟通，很难得到积极的回应。在受到指责时，绝大多数的人都无法把注意力放在对方的需要上。当然，指责他人有时可以使我们达到目的——出于害怕、内疚或惭愧，他们改变了自己的行为。

然而，以这样的方式来满足我们的需要，我们也是在使用暴力。为了解决眼前的问题，我们制造了新的问题。批评和指责使人倾向于自我保护并变得更有攻击性。这样，就长期而言，我们给自己增添了更多的麻烦。

表达愤怒的四个步骤

现在让我们看看非暴力沟通表达愤怒的具体步骤。首先，停下来，除了呼吸，什么都别做。我们避免采取行动去指责或惩罚对方。我们只是静静地体会自己。接着，想一想是什么想法使我们生气了。例如，无意中听到某个人的谈话后，我们认为由于种族的原因自己遭到了排斥。这时，我们体会着愤怒，并留意脑海中盘旋的想法："这太不公平了！她这是种族歧视！"我们知道，像这样的想法是尚未满足的需要的可悲表达。于是，接下来，就去了解自己想要满足的需要。如果我把某个人当作种族主义者，我的需要也许是接纳、平等、尊重或联系。

为了充分表达自己，我们现在需要张开嘴，说出我们的愤怒——怒

> 越是能够倾听他人，也越有机会被倾听。

火此时已被转化为需要以及与需要相联系的情感。然而，表达此时的感受也许需要很大的勇气。对我来说，生气并冲着人们嚷"你们这是种族歧视"是很容易的。事实上，我甚至还会觉得高兴。但是，倾听心底深处的感受和需要却很可能引发不安。为了充分表达愤怒，我们也许会对那个人说："你走进房间后，和其他人都打了招呼，却没有和我说话，现在你又在议论白种人，注意到这些，我的胃有些不舒适，而且很害怕，因为我很看重平等。我想请你告诉我，听到我说这些，你的感觉怎么样？"

先倾听他人

然而，在大多数的情况下，在表达自己之前，我们需要先倾听他人。如果对方还处于某种情绪中，他们就很难静下心来体会我们的感受和需要。一旦我们用心倾听他们，并表达我们的理解，在得到倾听和理解之后，他们一般也就会开始留意我们的感受和需要。

有些人，对一些种族和民族，有着某种特定的看法。在过去的30年，我遇到过许多这样的人，并和他们有过交流。有一天清早，我从机场乘出租车前往市区。突然，车内的喇叭传来出租车调度中心的声音："请到犹太教堂门口接费希曼先生。"接着，坐在我旁边的一位先生嘀咕了一句："这些该死的犹太人起得这么早，把别人口袋的钱都掏光了。"

听到这句话后，大约有20秒，我十分恼火。在年轻时，听到这样的话，我的第一反应可能就是揍他一顿。这时，我深呼吸了几次，然后，静静地体会自己的痛苦、恐惧和愤怒。我很在乎自己的感受。我意

> 一旦意识到他人的感受和需要，我们就会发现彼此相同的人性。

识到，我生气并不是因为我身边的那位旅客，也不是因为他说的话。虽然他的话激发了我心中的火山，但我知道，我的愤怒和恐惧早已潜伏在那里。我靠后坐了坐，留意那些想伤害他的念头。我甚至想到了他被我狠狠揍了一顿。

这样，我渐渐平静了下来，并开始去体会他的感受和需要。我脱口而出的是："你感到……？"我试图去了解他的痛苦。为什么？我想了解是什么样的痛苦使他对犹太人如此反感，我还希望他能领会我的感受和需要。我知道，如果他还处于痛苦之中，他就无法倾听我的心声。于是，我想先去了解他，倾听他的心声，并表达我对他的理解和尊重。我过去的经历告诉我，如果我可以理解他，那么，他也就能理解我。这并不容易，但他将能做到这一点。

"你有些不满吧？"我问他，"听起来，你可能有过一些不愉快的经历。"

他看了我一眼。"是的，这些人真惹人讨厌，他们做什么都是为了钱。"

"你有点厌恶他们，在经济上和他们有来往时，你认为自己需要小心点？"

"正是！"他大声说道，接着他就继续表达他的看法。我一边听他讲，一边用心体会他的感受和需要。我意识到，他感到担心，想保护自己。作为一个人，我明白"担心"是怎么一回事，也知道"保护自己"又是多么地重要。当我们专注于他人的感受和需要时，我们就会发现彼此作为人的共同点。虽然，我极不认同他的想法，但我的经历告诉我，如果我不强调我与他人观念的不同，我就较容易接纳他们。特别是当我遇到一个有像他那样想法的人时，倾听他们的感受和需要，而不纠缠于

▍留意头脑中出现的暴力想法,而不评判它们。

他们的想法,我的生活将会变得愉快得多。

那位先生一直诉说着他的忧虑和不满。不经意间,他已经从犹太人谈到了黑人。看起来,他渴望有人了解他的痛苦。我静静地听着,大概十分钟后,他停了下来。他觉得我已经理解了他。

接下来,我就告诉他我的感受:

马歇尔:"一开始,听到你对犹太人的评论时,我很生气,也很伤心。因为我对犹太人的印象和你说的很不一样,我真希望你能有一些别的体验。我想请你告诉我,你怎么理解我说的话?"

他: "哦,我并没有说他们都是……"

马歇尔:"对不起。我想请你告诉我,你怎么理解我说的话?"

他: "你在讲什么?"

马歇尔:"请让我重复一遍。我真的希望你听到我的痛苦。你听到我的痛苦对我很重要。我刚才说的是,听到你对犹太人的评论,我很伤心。因为我对犹太人的印象和你说的很不一样。我很希望,对犹太人,你能有一些别的体验。我想请你告诉我,你怎么理解我说的话?"

他: "你的意思是说,我没有权利那样说。"

马歇尔:"不是这样的。我希望你对我的话有不同的理解。我真的不想指责你。我无意指责你。"

我试着放慢谈话的节奏。根据我的经验,只要人们认为自己受到了指责,他们就很难体会到别人的痛苦。即使这位先生说"我怎么可以那样说话,我真的太不应该了",他仍然没有在体会我的痛苦——相反,他沉浸于自我惩罚所带来的痛苦之中。

我不希望他听到指责，因为我想提醒他我的痛苦。指责别人是很容易的。人们常常觉得自己受到了指责，有时他们自己也同意，并开始恨自己——但这并不意味着他们会改变自己的行为。在另外一些时候，他们痛恨我们称他们为种族主义者或别的——当然，他们也不会改变他们的行为。一旦我们注意到他们认为自己受到了指责，或发现他们在责备自己，我们也许就需要暂时停下来，并去理解他们所经历的痛苦。

给自己时间

我们需要有足够的耐心来学习和运用非暴力沟通。在与人交往的过程中，我们的第一反应常常是习惯性的反应，因此，运用非暴力沟通有时是很别扭的事。然而，如果我们想要实现自己的人生选择，我们就要给自己充分的时间。

我的朋友萨姆·威廉斯（Sam Williams）把非暴力沟通的表达形式写在了一张卡片上。每一次老板批评他的时候，他就把卡片掏了出来，提醒自己用非暴力沟通的方式来表达。我问他，老看卡片并花时间组织句子，他的同事是否觉得很奇怪，他回答说："我并不需要很长的时间来想清楚怎么说，而且，即使时间长了点，我认为也是值得的。对我来说，重要的是，我用自己喜欢的方式来与人联系。"在家里时，他更经常地使用到卡片。他向太太和孩子们解释了为什么他要花时间看卡片。只要一有争论，他就拿出卡片，认真考虑如何以非暴力沟通的方式作出回应。一个月以后，他就不需要再用卡片来提醒自己了。后来，有一天

▎练习把每一个指责都转化为尚未满足的需要。

晚上,他和他四岁的孩子在看电视时发生了争执,他的孩子着急了,大声喊道:"爸爸,快拿卡片!"

如果你希望自己在生气的时候也能运用非暴力沟通,我建议你做以下的练习。在前面,我们已经提到,我们生气是因为我们的想法——我们认为人们"应该"或"不应该"做什么,我们还给人贴上各种标签,并说长论短。请留意我们头脑中"我不喜欢抽烟的人……"之类的想法。然后,问自己:"我不喜欢他们……,是因为我什么样的需要没有得到满足?"通过这样的方式,我们就把注意力放在了尚未得到满足的需要,而不是考虑他人有什么过错。

当然,实际运用是至关重要的。大多数人的生活环境和我小时候生活的底特律街区相比,也许会少一些暴力,但也相差不远。在不顺心时,许多人已经习惯于批评和指责他人。因此,在刚开始运用非暴力沟通时,我们可以把节奏放慢些,在说话前先想一想,有时,我们甚至停下来,什么也不说。

小 结

在生气时,批评和指责他人都无法真正传达我们的心声。如果想充分表达愤怒,我们就不能归咎于他人,而把注意力放在自己的感受和需要上。与批评和指责他人相比,直接说出我们的需要更有可能使我们的愿望得到满足。

表达愤怒的四个步骤是:(1)停下来,除了呼吸,什么都别做;(2)想一想是什么想法使我们生气了;(3)体会自己的需要;(4)表达感受和尚未满足的需要。有时，在第3步和第4步之间，我们需要先倾听他人。在得到倾听和理解之后，他们也就可以静下心来体会我们的感受和需要。

我们需要给自己充分的时间来学习和运用非暴力沟通。

非暴力沟通实例
父亲用非暴力沟通与儿子谈论生死攸关的问题

15岁的比尔悄悄地把杰克的车开出去兜风，然后又把车完好无损地放回了车库。和比尔一起去兜风的还有杰克14岁的女儿伊娃以及他们的朋友戴维。后来，杰克的女儿把这件事和她父亲说了。接着，比尔的父亲也知道了这件事。以下是比尔和他父亲的对话。

父亲："我听说，你、伊娃还有戴维，没有和杰克打招呼，就把他的车开走了？"

比尔："我们没开他的车。"

父亲：（提高了嗓门）"不要和我撒谎；这对你没什么好处！"（这时，他意识到，为了倾听孩子，他需要先了解自己的感受和需要。）"你坐在那等我一下。我需要好好想想。"（他静下来体会自己。他发现自己又气又怕。他生气是因为他和自己说："比尔应该懂事点！""他变成了骗子！"他害怕不仅是因为他想到孩子的行为

张小北 5岁
"老天爷的表情。"

隐含着危险，而且是因为对孩子缺乏了解也可能带来严重后果。"我真是个笨蛋，居然以为他很懂事！""万一出事怎么办?"这时，他对自己说："哦，我需要把'笨蛋'和'骗子'这样的标签解读为感受和需要。说自己是'笨蛋'，我猜我的感受是失望，因为我希望能够信赖自己的判断力。至于'骗子'，我很害怕，因为我看重诚实与安全。"在沉默中，他考虑如何展开与孩子的对话。)"比尔，你是不是担心，说出事实，你就会受罚？"

比尔："是的。只要我做你不喜欢的事，你就凶得很。"

父亲："你的意思是说，你需要理解和尊重？"

比尔："废话！我当然希望你肯理解我、尊重我。"

父亲：(在心里念叨着："他这样说话，气死人了！他不知道我正用心和他沟通？他感觉不到我在担惊受怕？现在，我也很需要尊重和体贴。")"听起来，你很担心，不管你说什么，我都听不进去？"

比尔："你会听吗？一有什么事，你就想动粗。另外，那车的事有什么要紧呢？即使我们真的把车开走了，有人受伤吗？车坏了吗？有什么好大惊小怪的。"

父亲："你是担心，如果你承认你开走了车，你的下场会很惨？除非能够信任我，有些话，你就不方便说？"

比尔："是的。"

父亲：(沉默了片刻，给彼此时间体会刚才的对话。)"我怎么做，你才会放心？"

比尔："向我保证，你再也不会惩罚我。"

父亲：(意识到惩罚不仅无法提醒比尔留意他的行为可能的后果，而且还会使父子关系更加疏远，他表示愿意考虑孩子的请求。)"如果你愿意谈下去，我就会考虑你的请求。也就是说，我们继续谈话，直到我能确信你已经意识到你的行为可能会有什么后果。不过，在以后，如果我不清楚你是否已经明白你的行为隐含的危险，我也许会阻止你——但这只是为了保护你。"

比尔："哦，太好了！我这么蠢，为了保护我，你不得不强迫我，呵呵，好极了。"

父亲：(与自己的需要失去联系，他对自己说："我恨不得杀了这小子……他居然这样和我说话！看来，他一点都不在乎我的感受……该死，我现在的需要是什么呢？我这么努力，我是多么需要尊重和体贴啊！")

(大声嚷道)"比尔，你知道，你这么和我说话，我烦透了。我耐着性子和你说话，你却那样回答我……你还想和我谈下去吗？"

比尔："无所谓。"

父亲："比尔，我真的想听你的心里话。我不想像过去那样指责你、惩罚你。不过，刚才听到你说'我这么蠢，为了保护我，你不得不强迫我，呵呵，好极了'，我差点就控制不住自己。也许，你愿意帮助我。我的意思是，如果你希望我倾听你，那就请帮助我了解你的想法。如果你不愿意，我只好用老办法来处理这件事情。"

比尔："什么老办法？"

父亲："用老办法，我到这时大概早已告诉你，'在接下来的两年里，不许你看电视，没有零花钱，不准外出约会，等等'。"

比尔："哦，也许你不妨先试试新办法。"

父亲：(带点幽默)"很高兴你还有自我保护意识。现在，我想知道，你是否愿意和我坦率地交流，包括你的弱点？"

比尔:"'弱点'?什么意思?"

父亲:"也就是请你告诉我,对我们说的事情,你是怎样的感受?当然,我也会告诉你我的感受。(坚定的语气)你愿意吗?"

比尔:"好吧,我试试。"

父亲:(有点宽慰,叹了一口气)"谢谢。你愿意试一试,我真的很感激。你知道吗?杰克规定,伊娃在三个月内什么活动都不能参加?听到这个消息,你是什么样的感受?"

比尔:"这太不公平了!"

父亲:"我想知道你的感受。"

比尔:"我已经说了,这太不公平了!"

父亲:(注意到比尔没有提及自己的情感,他决定猜一猜。)"她因为犯错受了这么重的惩罚,你感到难过,是吗?"

比尔:"不,不是这样的。我认为,她根本就没错。"

父亲:"她因为响应你的提议受了惩罚,你是不是有些不安?"

比尔:"是的,是我叫她上车的。"

父亲:"看到你的决定对伊娃的影响,你似乎有些伤心?"

比尔:"也许是吧。"

父亲:"比尔,我真的希望你能意识到你的行为产生的后果。"

比尔:"我当时没有想清楚会有怎样的后果。但我确实把事情搞得一团糟。"

父亲:"我希望,你注意到你的行为后果不符合你的期待,而不是指责自己。请告诉我,对于把杰克的车开出去兜风这件事,你现在是什么样的感受?"

比尔:"我觉得我真蠢,爸……我并不想伤害任何人。"

父亲：（试图了解比尔的自我评价所反映的感受和需要）"听起来，你很伤心，也很遗憾。因为你需要信任——你无意伤害任何人。"

比尔："是的，我并没想到这件事会带来这么大的麻烦。我真的没想到。"

父亲："你是说，你希望自己在做这件事之前，能够仔细想想可能会有什么后果？"

比尔：（沉默了片刻，体会他父亲说的话。）"我想是的……"

父亲："现在，我想谈谈我的感受，你开车出去，我怕极了，因为你们的安全对我特别重要。我想请你答应我，熟练掌握车技、拿到驾照以后，再开车出去好吗？"

比尔："你这次真的不会惩罚我吗？"

父亲："如果你意识到你的行为潜在的危险，并知道保护自己和同伴，我就放心了。为什么要惩罚你呢？"

比尔："你还会支持我学车吗？"

父亲："当然。我只是希望你熟练掌握车技、拿了驾照，再自己开车去玩。"

比尔："好的。我答应你。实际上，我也知道安全很重要。"

父亲："听你这么说，我很欣慰。你是否愿意告诉杰克你刚才和我说的话？这样，他可能就会放心一些。"

比尔："哦，那太可怕了。他会发疯的。"

父亲："是的，他可能会那样。不过，你愿意为你的行为负责吗？我喜欢杰克，我珍惜我们的友谊，而且，我相信，你也珍惜你和伊娃的友谊，是这样吗？"

比尔："她是我最好的朋友之一。"

父亲:"那我们一起去见他们好吗?"

比尔:(不太敢去)"哦,那好吧……"

父亲:"你是不是有点害怕?去他家时,你希望能有安全感?"

比尔:"是的。"

父亲:"我们一起去。我会陪伴你、支持你。你愿意去,我真的特别高兴。"

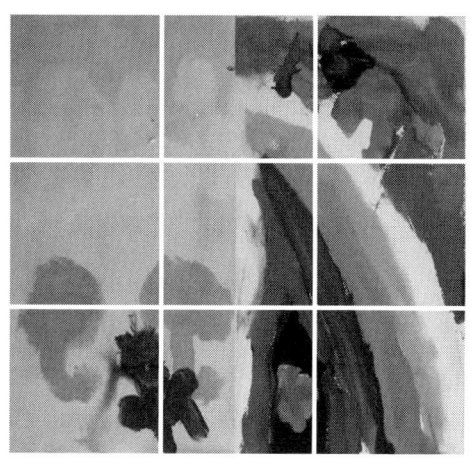

第十一章 运用强制力避免伤害

如果冲突的双方都能充分表达观察、感受、需要和请求，并得到对方的理解，那么，双方的需要通常可以同时得到满足。至少，他们可以求同存异。

然而，在有些时候，双方没有机会进行这样的对话。例如，有一方也许不想交流，或是危险迫在眉睫没有时间交流。在这样的情况下，我们可能就需要使用强制力来避免伤害。

使用强制力的目的

需要注意的是，在非暴力沟通中，我们运用强制力是出于防卫的目的而不是为了惩罚对方。例如，我们抱住年幼的孩子不让他跑到公路上，那是为了他的安全。如果我们打孩子的屁股或骂他："你怎么这么笨！"那么，我们就是在惩罚他。

在使用防卫性的强制力时，我们把注意力放在了自己和他人的需要上，而不评价对方及其行为。我们不会去指责一个要跑到公路上的孩子；我们只是想保护他。非暴力沟通认为，如果一个人做的事情会伤害到自己或他人，那是因为他不够成熟。为此，他需要得到帮助。如果我

> 使用防卫性的强制力，是为了保护自己或他人，而不是为了惩罚、羞辱或谴责他人。

们不够成熟，我们可能会有以下的表现：（1）我们意识不到自己行为的后果；（2）我们认识不到，我们并不需要通过惩罚他人来满足自己的需要；（3）我们相信，我们有"权利"去惩罚或伤害他人，因为他们是罪有应得；（4）我们产生了幻觉，例如，听到"某种声音"叫我们去杀人。

相反，在使用惩罚性的强制力时，我们认为某些人是邪恶的，为了让他们悔改，必须给他们一点颜色看看。此时，我们希望痛苦能让他们：（1）意识到自己的过错；（2）感到懊悔；（3）改变行为。然而，在实际生活中，惩罚往往加强了对方的敌意和抵触心理，使双方的关系更加疏远。

惩罚的类型

体罚是常见的惩罚方式。我发现，家长对此有截然不同的看法。有些家长相信，通过体罚，例如打屁股，可以让孩子清楚地知道不该做什么。另外一些家长则坚决反对这种做法，他们认为，体罚会让孩子形成这样的认识：当别的方法都不起作用时，就可以用武力来解决问题。

我的担心是，对体罚的恐惧会让孩子难以体会到父母的爱。经常有家长和我说，打骂孩子是不得已的事，因为他们没有其他办法能让孩子做"对他们有益的事情"。为了说明打骂确实管用，他们还提到了，有些孩子在事后很感激他们的父母。我养育了四个孩子，我深深地理解为人父母的难处。然而，我并不认为体罚孩子是教育孩子的好办法。

首先，无数的例子表明了，有的时候孩子拒绝做一件对他们有益的事情，只是因为他们不想在父母的压力面前屈服。其次，即使体罚能带来立竿见影的效果，这也并不意味着，其他方法无法达到同样的效果。最后，我还担心，体罚孩子会造成不良的社会影响。如果我们把暴力作为解决问题的办法，虽然孩子可能会去做我们要求的事，但这样做难道不是在鼓励孩子用暴力来解决冲突吗？

除了体罚外，指责或否定他人也是常见的惩罚方式。例如，如果孩子没有照家长的话去做，父母可能就会说他"自私""不尊重父母"等等。另外一种惩罚方式是不给孩子某种好处，例如不给零花钱。在这种情形中，变得冷漠是一种强有力的威胁。

惩罚的代价

当我们为了回避惩罚去做事情时，我们可能会忽视事情本身的价值，而陷于对失败的忧虑。如果员工的表现只是在服从管理层的命令，士气就会受到影响；或迟或早，工作效率就会降低。如果孩子刷牙是因为担心受到批评或被嘲笑，他们的口腔健康可能会得以改善，但自尊却会受损。此外，我们都知道，惩罚将导致关系的疏远。一旦我们被看作是施暴的人，我们就很难得到友善的回应。

有一次，我去一位朋友的单位拜访他。他是一所学校的校长。在谈话时，他透过办公室的玻璃看到有个学生在操场打人。他和我说了一句"对不起"，然后就冲了出去。他抓住了那个学生，重重地推了他一下，训斥道："看你以后还敢不敢打比你小的同学！"校长回来后，我和他说："我不认为你达到了目的。在我看来，他学到的是，在打比他弱小的人时,要注意附近是否有比他强壮的人,例如校长。而且,我认为,你的做法甚至还会强化他通过打架来解决问题的意识。"

在上述的情形下,我主张先倾听那个学生的感受和需要。例如,如果那个孩子动手打了叫他外号的同学,我可能会和他说:"看起来,你很生气,因为你希望得到尊重。"如果他肯定了这一点,我会接着表达我的感受、需要和请求,而不带有任何的指责:"我很伤心,因为我希望我们既能得到尊重,又不树敌。不知道你是否愿意和我一起探讨,是否有其他的方式可以使我们得到尊重?"

惩罚的局限性

有两个问题可以帮助我们认识惩罚的局限性。第一个问题是,如果我不喜欢他现在的行为,那我希望他怎么做?如果我们只问这个问题,惩罚可能是有效果的,因为威胁或惩罚可以对他人的行为产生影响。然而,通过第二个问题,我们就可以清楚地看到惩罚的局限性:我希望他基于怎样的原因去做我想要他做的事情?

我们很少提及第二个问题,借助这个问题,我们可以发现惩罚或奖励很难实现我们的目的。例如,如果我们希望孩子出于爱干净或对父母的关心去打扫房间,指责或威胁显然不太可能起到积极的作用。常见的情形是,孩子打扫房间是为了服从父母的指示("因为妈妈是这样吩咐的")——他们也许是为了得到父母的疼爱或避免受到惩罚。我相信,了解别人基于什么样的原因来满足我们的愿望是至关重要的。在非暴力沟通中,我们看重每个人选择生活的自由。与此同时,非暴力沟通还强调，我们彼此相互依存，我们的幸福与他人的幸福息息相关。

运用非暴力沟通来重建校园秩序

现在，我想谈谈我们与一些学生在一所学校中重建校园秩序的经历。这所学校接纳的是在其他学校学不下去或被勒令退学的学生。学校的管理人员希望，通过在校园中普及非暴力沟通，学校可以与这些学生形成良好的互动。我的工作是培训教师队伍，并担任顾问一年。由于只有四天时间来培训教师，我没有解释清楚非暴力沟通与放任不管之间的区别。因此，在出现矛盾和冲突的时候，有些教师选择了回避，而不积极地介入。这样，校园秩序更加混乱，以致学校管理层开始考虑关闭学校。

此时，我告诉校方，我想和混乱中表现特别活跃的学生交流。于是，校长挑选了八个学生，他们的年龄在11岁至14岁之间。下面是我们会谈的摘录。

马歇尔：（表达感受和需要，而不追根究底）"听到老师们说，许多班级的教学工作已无法正常进行，我很不安。我希望学校能够继续下去。所以，我想请你们帮助我了解现在学校中存在的问题以及你们的建议。"

学生甲："这个学校的老师笨死了！"

马歇尔："你对他们的行为感到不满吗？"

学生甲："他们傻乎乎的，站在那里，什么都不做。"

马歇尔:"在出现问题时,你希望他们能有所作为?"(继续了解他的感受和愿望)

学生甲:"是这样的。不管别人做什么,他们只是面带微笑站在那里,真是一群白痴。"

马歇尔:"给我举个例子好吗?"

学生甲:"这很容易。今天早上,有个家伙带着一瓶啤酒走进教室,所有人都看见了,但那位老师却装作什么也没发生。"

马歇尔:"听起来,你看不起那位什么也不做的老师,你希望她采取行动。"(寻求反馈,看自己理解的是否准确)

学生甲:"正是。"

马歇尔:"我有些失望。看起来,我没能和老师们讲清楚我的意思。我希望,老师能和学生一起采取行动,重建学校的秩序。"

(接着,讨论转向了一个急需解决的问题:一些学生在不想学习时会干扰到其他学生。)

马歇尔:"我特别希望这个问题能够得到解决。因为老师们告诉我,这是他们最头痛的问题。怎么解决这个问题,我很想得到你们的建议。"

学生乙:"老师应该带根棍子来上班。"

马歇尔:"你的意思说,如果有人打扰别的同学,老师就给他一棍子?"

学生乙:"我想这是解决问题的唯一办法。"

马歇尔:"你不相信有其他的解决办法?"(继续了解这位学生的感受)

学生乙:(点头同意)

马歇尔:"如果这是唯一的方式,我会很沮丧。我希望我们能找到别的解决办法。"

学生乙:"为什么?"

马歇尔:"有几个原因。例如,在回家时,有三四个被我用棍子打过的人围住我,那怎么办?"

学生乙:(笑)"那你最好带根大点的棍子。"

马歇尔:(确信双方已相互理解,我继续说)"你知道,用这样的方式来处理事情,我会遇到麻烦的。我不会每一次都记得带根大棍子,即使我能记得,我也不想用它来打任何人。"

学生乙:"那你们可以把那些捣蛋鬼开除。"

马歇尔:"如果一定要这样做,我也会很沮丧。我希望有别的方式来解决冲突,而不用把任何一位同学开除。"

学生甲:"如果有谁不想学习,你不妨让他去一个没有人学习的教室呆着?"

马歇尔:"你是说,我们腾出一间教室,让不想学习的人有个去处,是吗?"

学生甲:"是的。如果他们不想学习,呆在班级里,也没什么用。"

马歇尔:"对这个想法,我很感兴趣。具体怎么操作呢?"

学生甲:"有的时候,你来学校上学,但心情很不好,你什么都不想做,这时,你就可以先去那个教室。等你想学习了,再回到班级中。"

马歇尔:"我明白你的意思了。不过,老师们可能会担心,同学们是否会自愿去那个教室。"

学生甲:(自信地说)"他们会去的。"

我和校方说,这样做不是为了惩罚任何人,而是给暂时不想学习的学生提供一个去处，并给那些愿意学习的学生创造条件。我相信，如果学生能够明白这一点，这样做是很有用的。我还提醒校方，如果学生知道这个措施是一些学生集体讨论的结果，而不是校方的命令，那么，他们将更愿意配合。

于是，学校就设置了一个教室，来到这个教室的学生，可以什么都不做。有时，有的学生主动提出到这个教室去；在另外一些时候，如果某个学生的行为妨碍了别人的学习，老师也会请他去。在这个教室中，我们安排了一位熟练掌握非暴力沟通的教师，当学生进来时，她会主动和他们交谈。这个教室的设置对学校秩序的恢复起到了极为重要的影响。因为那些曾参加讨论的学生告诉他们的同学：这样做是为了保护各位同学的学习权利。我们也借这件事向教师们说明了，除了回避矛盾以及实施惩罚，我们还可以通过别的办法来解决问题。

小　结

在有些情形中，我们没有机会和他人交流，这时，我们也许需要使用强制力来保护自己和他人。我们这样做，是为了避免伤害，而不是为了惩罚他人。如果我们威胁他人或实施惩罚，人们常常会产生敌意和抵触心理。这样，彼此的关系将会疏远。同时，惩罚还可能使人忽视事情本身的意义，而把注意力放在不服从的后果上。如果我们试图通过惩罚来使人们认识自己的需要，那么，我们很可能适得其反。

"生活中有许多种爱。" 刘黎阳 12岁

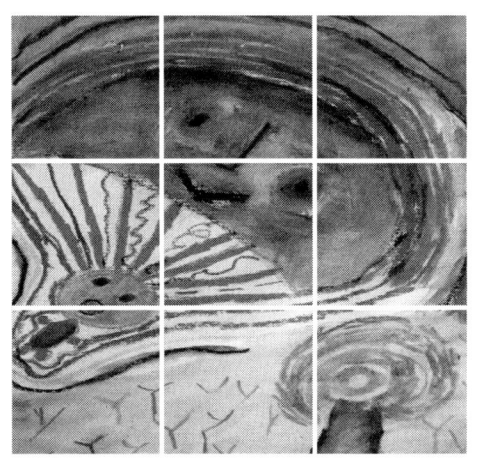

第十二章　重获生活的热情

倾听内心的声音

在成长的过程中，我们学习了许多无益的知识，这些知识来自善意的父母、老师或别的人。由于这些教诲看起来是那样地天经地义，我们也就不再去探讨它们的合理性。喜剧演员巴迪·哈克特（Buddy Hackett）曾在一档娱乐节目中说，小时候每天吃着妈妈做的丰盛的饭菜，直到去军中服役，他才知道饭后胃部还可以保持轻松。同样的，我们在社会文化影响下形成的一些不良积习，渗透到了生活的各个方面，以致我们觉察不到它们的存在。只有深入了解我们的生存状态，我们才能看清它们的危害，并形成新的想法及行为方式，来满足身心健康的需要。

然而，对于大多数人来说，倾听和表达自己的需要并不容易。一般来说，我们的文化倾向于把个人需要看作是消极的、具有破坏性的。如果一个人公开表达自己的需要，就很可能被看作是自私的。

通过鼓励我们区分观察和评论，认识情感的根源在于个人的需要和想法，并以建设性的语言提出明确的请求，非暴力沟通帮助我们认识社会文化对个体的消极影响。一旦认识到社会文化的局限性，我们就可能突破它的束缚，至少，我们已经迈出了关键的一步。

解决内心的冲突

在生活中,有时我们会感到沮丧,觉得前途一片黑暗。欧内斯特·贝克(Ernest Becker)在他的《精神病学的革命》一书中提出,沮丧是因为一个人处于激烈的内心冲突之中,无所适从。我们内心中也许有一种声音说,"我想这样做";但又有一种声音说,"不,你不应该那样做"。这样,我们就陷入了僵局。沮丧意味着,我们不了解自己的需要——我们不知道自己到底想要什么以及如何满足愿望。

一位学习非暴力沟通的女士有一段时间心情很不好。一位朋友建议她在心情极度沮丧时以对话的形式记录内心的挣扎。以下是前两句:

声音1("职业女性"):"我应该在工作上投入更多的时间。我受了这么好的教育,我也相信自己的才干,但现在都白白浪费了。"

声音2("负责任的母亲"):"你太不现实了。你是两个孩子的母亲,你都没法照顾好他们,还好意思谈别的?"

几个月来,这位女士就一直生活在激烈的思想斗争之中,她的头脑中充斥着各种对自己的批评和指责。看到这段对话后,她的朋友又建议她,让心中的那位"职业女性"用非暴力沟通表达自己。

于是,她就用非暴力沟通的四个要素来表达"职业女性"的心声:"为了照顾孩子,我放弃了工作,留在家里(观察);我有点心灰意冷(感受),因为我看重成就感(需要)。我想,我现在也许可以去找份兼职(请求)。"

接着,她用非暴力沟通的四个要素来表达"负责任的母亲"的心

> 专注于我们想要做的，而不是追究错在哪里。

声："当我想到上班的事情时（观察），我好害怕（感受），因为我要确保孩子们能得到很好的照顾（需要）。我想，在上班时，我需要一位好保姆来照顾他们。下班后，我还要确保有时间和精力好好陪孩子。"

当这位女士用非暴力沟通的方式说出心里话后，她大大松了一口气。她没有再批评和指责自己，而把注意力放在了自己的感受和需要上。虽然她还有实际的问题需要处理，例如找个好保姆、寻求先生的支持，但她已经察觉到自己的需要，并能静下心来采取必要的行动。

心灵环保

如果以苛刻的态度对人对己，我们的心情也好不到哪里去。通过运用非暴力沟通，我们不再试图分析自己或他人有什么毛病，而是用心去了解我们的需要，这样，我们的内心就会逐渐变得平和。

为了能够更好地照顾自己，一位女士报名参加了一个历时三天的非暴力沟通研讨班。在活动期间，她发现自己的生活态度有了明显的改变。她回忆说，在第二天清晨醒来时，她头痛得十分厉害。"在过去，我的第一反应就是去检讨自己到底做错了什么。是否吃了不好的食物？是不是给自己施加了太大的压力？我会盘问自己诸如此类的问题。这一次，在学习了非暴力沟通之后，我问自己的问题是，'我现在需要做什么来缓解头痛'。"

"我坐了起来，做了一些柔和的头部运动。接着，起床到外面走了走，回来后又做了一些别的事情，让自己放松下来。过了一会儿，头没那么痛了。这时，我想了想昨天在研讨班中的经历。我发现，头痛很可

▎体会自己的感受和需要可以释放压力。

能是因为昨天我不怎么留意身体的状态。现在，身体是通过头痛来提醒我'请留意我的需要'。于是，在接下来两天的研讨班中，我就用心体会身体的状态，并注意调节和放松。这一次的经历提醒我：在头痛时，我可以专注于我的需要。这是我人生的重大突破。"

在另一次研讨班中，有个参加者询问如何在开车时保持良好的心态。这是我很熟悉的问题！由于工作的需要，我过去经常开车前往美国各地。我知道，在开车时，保持良好的心态有多困难。那时，如果有人以我不喜欢的方式开车，我的头脑中常常会冒出以下的想法："这家伙有毛病！开车都不看路？"带着这样的想法，我就会想好好教训那些我认为不守规矩的司机。可是，我又没法惩罚他们，于是，就更加恼怒了。

后来，我终于学会了关注自己的感受和需要。"是的，看到他们这样开车，我真的很害怕；我希望，他们在开车时能注意安全。"哇！我感到惊讶的是，只要我不再批评和指责他人，而把注意力放在自己的感受和需要，我的心情就放松了许多。

我深受鼓舞，于是又决定去体会其他司机的感受和需要。在第一次尝试这么做的时候，我就得到了很大的满足。那一次，在我前面的那辆车开得非常慢，它在每个十字路口都会减速。我有点急了，我和自己说："这车没法开了。"注意到自己的紧张情绪后，我开始体会那辆车的司机可能会有怎样的感受和需要。我觉得，前面的那位司机有点不知所措，希望得到后面司机的谅解。路渐渐宽了，在超车时，我发现那辆车的司机是一位看起来有80岁的老太太。她看上去惊慌失措。我很庆幸，我曾用心去体会她的感受和需要，而没有鸣喇叭或做别的动作来表达我的不悦。

> 体会他人的感受和需要也可以释放压力。

用非暴力沟通代替诊断

许多年前,为了成为一名合格的心理医生,我接受了九年的培训,并获得了临床心理学博士学位。毕业后不久,我有幸旁听了以色列哲学家马丁·布伯与美国心理学家卡尔·罗杰斯关于精神疗法的讨论。在讨论中,布伯质疑,如果一个人把自己当作心理医生,他是否还能够有效地帮助他人面对心灵的创伤。布伯当时正在访问美国,他和罗杰斯一起受邀来到一所精神病院进行公开的讨论。旁听的人都是精神病学领域的专业人员。

布伯的观点是,个人的成长是通过与他人的坦诚交流来实现的——在交流中,彼此能够自由地表达内心的软弱。他不相信,这能够存在于心理医生与其顾客之间。罗杰斯同意,坦诚是个人成长的先决条件。但是,他相信,出色的心理医生能够超越他的身份,来坦诚地与顾客交流。

布伯对此表示怀疑。他认为,只要顾客把自己看作是顾客、把医生看作是医生,即使医生愿意与顾客真诚地交流,这样的交流实际上还是不可能的。他评论说,顾客预约看病的过程,以及花钱来解决问题,使医生和顾客之间的交流很难不受其身份束缚。

他们的对话回答了我长期以来对分离疗法(Clinical Detachment)的困惑。在我所接受的教育中,分离疗法被认为是心理分析疗法的金科玉律。根据分离疗法的理论,在心理治疗的过程中,医生表达自己的感受和需要是十分不专业的;有经验的医生则会采取"冷眼旁观"的态度,在治疗过程中不带有任何感情色彩,并避免因个人内心的冲突造成对顾客的伤害——他们就像一面镜子,让顾客充分投射他们的情感,然后,他们会作出诊断。我理解分离疗法的理论。然而,对于保持与来访者情感的距离,我总是觉得不太舒服;此外,我相信,在治疗的过程中,表达个人的感受和需要是有益的。

于是,我开始试着用非暴力沟通的语言来代替医疗术语。我不再根据我所学习的心理学理论来分析来访者的心理特点,而是用心去体会他们的话,并表达自己内心的感受。在开始时,我很担心。我不知道,对我的做法,同行们会有怎样的看法。然而,效果却是非常好,不论是来访者还是我自己,都十分满意。很快,我就不再有任何顾虑了。在35年后的今天,心理医生在治疗过程中投入自己的情感,已不再被看作另类了。可是,在那时,我却经常被心理医生的团体邀请去发表演讲和做现场示范。

有一次,我被邀请去演示如何运用非暴力沟通来帮助处于极度痛苦中的人。地点是在一所精神病院,参加的人很多,都是精神病学领域的专业人员。讲解了一个小时后,他们请我当场会见一个病人,分析她的病情,并提供治疗建议。那是一位29岁的女士,她有3个孩子,我们谈了约半小时。在她离开房间之后,负责治疗的几位医生提出了一个问题:"卢森堡博士,请作一下判断。根据你的意见,这位女士是患精神分裂症还是药物性精神障碍?"

我回答说,对于这类问题,我感到不太舒服。我曾在精神病院工作,但从一开始,我就无法将病人归到某种特定的精神病类别中。一些研究报告显示,精神病医生和心理学专家对那些医学术语也没有一致的意见。这些研究报告还指出,精神病医生所就读的学校比病人个人的特点对诊断的结果更具影响力。

我进一步说，即使精神病医生对这些术语的运用具有共识，我也不想用它们，因为我看不出这么做对病人有什么好处。在物理医学领域，病理分析常常可以为治疗指明方向；但我不认为，这种方法适用于所谓的精神病学领域。根据我的经历，在医院的病例讨论会上，医生们要花大部分的时间来讨论病人是属于哪种精神病类型。当预定的讨论时间快要结束时，主治医生也许会请求其他人帮助制订医疗计划。然而，这类请求通常会被忽视，因为大多数的人倾向于继续争论。

接着，我向他们解释我的做法。我告诉他们，我不会去分析病人有什么毛病，而是问自己以下的问题："她现在是什么心情？她有什么需要？和她在一起，我是什么样的心情？我的心情反映了我怎样的需要？我想请她作出什么决定或采取什么行动，以使她能快乐些？"在回答这样的问题时，我们将会揭示自己的内心活动以及个人需要。同作诊断相比，这是很不容易的，因为在这个过程中，我们也会深深体会到我们作为人的弱点。

另有一次，我被邀请去讲解如何向精神病人介绍非暴力沟通。参加现场演示的是15位被诊断为慢性精神分裂症患者的病人。大概有80位旁观者，其中有心理学家、精神病医生、社会工作者以及修女。在我介绍自己和讲解非暴力沟通的时候，一位病人说了一句似乎与主题无关的话。考虑到他被诊断为慢性精神分裂症，我的第一反应是认为他在胡言乱语。于是，我对他说，"你好像没有听懂我刚才的意思。"

这时候，另一个病人插话说："我知道他是什么意思。"接着，他向我解释那位病人的话和我刚才对非暴力沟通的介绍有什么关系。听了他的解释，我意识到那位病人的话确实和主题有关。想到自己刚才轻易地将交流中的困难归咎于对方,我感到很难过。我希望,在听不明白的时候,我可以请对方作出解释,例如:"我不太明白你的意思。我想知道你的问题和我对非暴力沟通的介绍有什么联系。你可以解释一下吗?"

除了这个短暂的插曲外,整个过程进行得十分顺利。旁观者对病人的反应感到很意外。他们问我,我是否认为这组病人碰巧是特别合作的病人。我回答说,一旦我不把人当作诊断的对象,而专注于彼此作为人的感受和需要,人们通常都会有积极的反应。

接着,有位参加者说,为了有更多的学习机会,他想请几位心理学家和精神病医生来参加现场演示。于是,之前参加演示的病人和旁听者中的志愿者交换了位置。在接下来的讲解中,我发现我很难向一位精神病医生解释清楚分析与倾听的区别。只要小组中有人表达自己的感受,他就开始运用精神病学的理论进行分析,而没有用心体会。当他第三次这么做的时候,在旁听席的一位病人大声喊道:"难道你看不出来你又在做同样的事情?你是在分析她讲的话,而没有用心体会她的感受!"

通过培养非暴力沟通的意识和技巧,我们就可以在真诚、开放的气氛中与他人进行平等的互动,从而帮助他人摆脱心理的困扰。

小　结

在情绪低落的时候,我们也许会怨天尤人。然而,如果我们以苛刻的态度对人对己,我们的心情也好不到哪里去。通过运用非暴力沟通,我们不再试图分析自己或他人有什么毛病,而是用心去了解我们的需要,这样,我们的内心将逐渐变得平和。一旦我们发现自己心底深处的愿望，并采取积极的行动，我们将会重获生活的热情。心理咨询和心理治疗行业的从业人员可以考虑借助非暴力沟通来与来访者进行坦诚的交流。

非暴力沟通实例
化解积怨

一位学习非暴力沟通的女士讲述了以下的故事。

那一天，我参加完历时十天的非暴力沟通培训回到家时，发现艾里斯正在等我。艾里斯是一所学校的图书馆管理员，她做这份工作已有25年的时间。我们是在6年前的一次极富挑战性的训练营中认识的。一见面，我就迫不及待地告诉她，我参加非暴力沟通培训的情况。这时，艾里斯告诉我，虽然已经过了6年，但只要一想起那次活动的领队在科罗拉多州对她说的话，她还会愤愤不平。我知道她说的是里芙。里芙热爱自然，能够识别动物的粪便。我还清楚地记着她攀岩时在半空中摇晃的情景，她的手掌有许多伤痕——那是被绳索割破留下的。她在黑夜中吼叫，在高兴时手舞足蹈，坦率地表达她的感受和想法。艾里斯这里提到的事情是，有一天，里芙对她说："艾里斯，我真受不了你这样的人，不论何时，你都甜得腻死人。真是个毕恭毕敬的图书馆管理员！为什么不放下面具，直率一些呢？"

6年来，艾里斯不断地想起里芙的这句话并在心里驳斥她。我们两个人现在都很想看看非暴力沟通对这样的情形能发挥怎样的作用。于是，由我来扮演里芙的角色。在开始时，我对艾里斯说了里芙的那句话。

艾里斯：（暂不考虑非暴力沟通，她认为里芙在批评和羞辱她。）"你怎么可以这样和我说话？你并不了解我，你也不知道我是怎样的图书馆管理员！我告诉你，我很认真对待我的工作，我把自己看作是一个教育者，和其他教师并没有什么不同……"

我：（站在里芙的角度）"听起来，你很生气。你认为在评价别人之前要先有所了解，是吗？"

艾里斯："当然了！你至少应该知道我在这次训练营中的表现。你看，我现在站在这里，在过去的14天中，我没有被任何困难压倒，我成功了，不是吗？"

我：（继续扮演里芙）"你似乎有些伤心，你希望你所表现的勇气和耐力能够得到肯定，是这样吗？"

我们又说了几句。这时，我发现艾里斯的状态有了一些变化。如果一个人觉得自己得到了别人的理解，他的身体就会有一些反应。例如，他可能会放松下来。一般来说，这意味着他已经充分表达他的某种痛苦，可以将注意力转向其他的话题。这样，他就可以进一步表达其他方面的感受和需要。有时，他甚至可以开始关注对方的感受和需要。不过，我注意到，艾里斯现在还处于痛苦中。毕竟，由于认为自己受了羞辱，在过去的6年中，她在心里积累了许多怨气。

艾里斯：（在经历了微妙的心理变化后，她立即接着说）"该死！6年前，我就该和她说这番话！"

我：　　（作为一个朋友）"看来，你很后悔当时没有说出心里话？"

艾里斯："我就像一个大混蛋！我知道我不是一个'毕恭毕敬的图书馆管理员'，但我为什么没有反驳她呢？"

我：　　"哦，你希望能有足够的勇气表达自己？"

艾里斯："是的。我真受不了自己！我竟然任她摆布！"

我：　　"你特别渴望能够主动表达自己？"

艾里斯："正是。我需要记住这一点！"

艾里斯安静了片刻。接着，她说，她现在可以开始练习非暴力沟通，试着换个角度来理解里芙的话。

我：　　（扮演里芙）"艾里斯，我真受不了你这样的人，不论何时，你都甜得腻死人。真是个毕恭毕敬的图书馆管理员！为什么不放下面具，直率一些呢？"

艾里斯：（倾听里芙的感受、需要和请求）"哦，里芙，听起来，你有点不耐烦，你不耐烦是因为……因为我……"（这里，艾里斯用到了"因为我"，这意味着她没有去考虑里芙的哪些需要导致了里芙感到不耐烦。也就是说，在非暴力沟通中，你感到不耐烦不是因为我做了什么，而是因为你期待我有不同的行为方式。）

这时，我努力把自己放在里芙的角度，来体会里芙到底有怎样的需要。突然，我（作为里芙）意识到了我想加深与他人的联系。"联系！我想要的是联系！……我想与你加深联系，艾里斯！你总是那样地彬彬有礼，我希望你放开一些，表达你的内心感受！"

在我喊出这段话后，我们两个人都愣住了。艾里斯说："如果我知道她想要的是什么，如果她告诉我她想加深与我的联系……唉！那简直就是在表达爱。"虽然她无法找真正的里芙来核实我们的猜测是否正确，通过这段对话，艾里斯终于打开了心结。在那以后，在听到不中听的话时，她也开始留意那些话的真正含义。

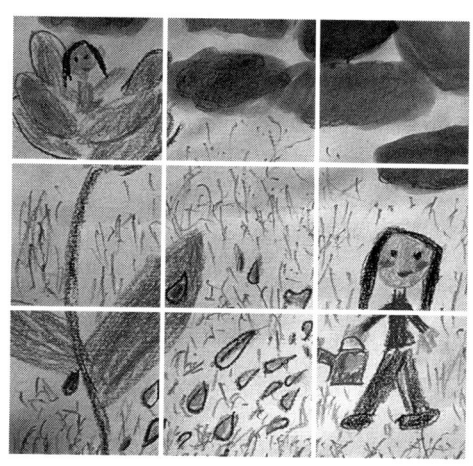

第十三章 表达感激

赞扬的动机

"你这份报告写得很好。"

"你很细心。"

"你这人真不错！昨晚开车送我回家。"

赞扬也可能造成人与人之间的隔阂。这听起来似乎很奇怪。不过，请注意：在赞扬他人时，我们很少揭示内心活动，而把自己放在了裁判的位置。所以，我认为，赞扬并不总是有助于深化彼此的联系。

在企业做培训时，常有经理人和我说，赞扬他人很管用。他们强调："研究表明，如果经理赞扬员工，员工就会努力工作。在学校中，也存在同样的情况：如果老师表扬学生，学生就会认真学习。"虽然我也看过这类的研究报告，但我相信，这类的表扬无法持续地发挥作用。一旦意识到经理和老师赞扬的目的是为了操纵他们，员工和学生很可能就会产生逆反心理。然而，我最担心的是，发现这些赞扬的潜在目的之后，人们对于由衷的感激也会心存疑虑。

此外，如果我们利用赞扬来施加影响，对方还可能误解我们的意思。

有一幅卡通画讲了一个故事。

金迪 9岁
"在妈妈心中,我是可爱的花朵。"

一位印第安人对另一位说:"看着,我现在用现代心理学来调教马!"接着,他领他的朋友走近他的马,大声地说道:"我的马是整个西部最快、最勇敢的马!"那匹马听后,十分悲伤,喃喃自语:"怎么办呢?我的主人抛弃了我,他买了另一匹整个西部最快、最勇敢的马!"

用非暴力沟通的方式表达感激时,我们只是为了庆祝他人的行为提升了我们的生活品质,而不是想得到任何回报。

非暴力沟通表达感激的方式

非暴力沟通表达感激的方式包含三个部分:

1. 对方做了什么事情使我们的生活得到了改善;
2. 我们有哪些需要得到了满足;
3. 我们的心情怎么样?

在表达感激时,这三个部分的先后次序并不重要;有时,我们甚至可以通过微笑或说声"谢谢"来表达这三个部分。然而,如果我们要确保对方能够明白我们的意思,那么,用语言具体地描述这三个部分是值得的。以下是我和一个非暴力沟通研讨班参加者的一段对话。在对话中,我试图理解他为什么要赞扬我。

参加者:(在研讨班结束后走近我)"马歇尔,你真了不起!"
马歇尔:"我想知道你为什么这么说。"

参加者："为什么呢？"

马歇尔："在我的一生中，人们用各种各样的话来评价我。这对我并没有多大的帮助。我需要更多的信息来理解你的评价。"

参加者："什么样的信息？"

马歇尔："首先，我想知道，我做了什么，你认为对你的生活有帮助？"

参加者："哦，你聪明过人。"

马歇尔："也许这又是一个评价。我还是不清楚我做了什么对你有益的事情。"

  她想了想，然后拿出笔记本，指着其中的两段话说："就是这两点。你今天在研讨班中提到它们。"

马歇尔："哦，你很欣赏这两个观点。"

参加者："是的。"

马歇尔："听到这两个观点时，你的心情怎么样？"

参加者："我感觉一阵轻松，对将来更有信心了。"

马歇尔："现在，我想知道，这两个观点使你什么样的需要得到了满足？"

参加者："我没法和儿子沟通。他今年18岁了。我一直盼着能有办法和他沟通，你今天的这两个观点给我很大的启发。"

  这样，我就知道了我所做的事情、她的感受以及她的需要。我很高兴自己帮到了她。如果她一开始能够以非暴力沟通的方式表达感激，她也许就会说："马歇尔，当你提到这两个观点时（让我看她的笔记本），我很欣喜，感到将来有盼头了，我一直在寻找和儿子沟通的办法，这两个观点给我很大的启发。"

接受别人的感激

在听到别人表达对我们的感激时,我们也许会觉得别扭。我们不知道自己是否真的那么好。我们甚至会担心别人对我们有所期待——特别是老师或经理试图通过赞扬来提高我们的学习和工作效率。此外,我们还可能担心在将来失去别人的赏识。

生活在商品社会中,我们也许不太习惯单纯地付出与接受。然而,非暴力沟通鼓励我们注意倾听别人所表达的感激:我们做了什么有益的事情,他们有哪些需要得到了满足,以及这激发了他们怎样的情感。我们每个人都有能力提升他人的生活品质——这是一个值得铭记在心的事实。

我从我的朋友纳菲滋·阿赛里(Nafez Assailey)那里学到了如何优雅地接受别人的感激。那时,无论是在巴勒斯坦,还是在以色列,举办有双方公民参加的研讨班,安全都是成问题的。于是,我请了一些巴勒斯坦人和以色列人来瑞士参加非暴力沟通研讨班。他是其中的一位巴勒斯坦人。在研讨班结束时,纳菲滋走到我面前说:"非暴力沟通对促进我们国家的和平非常有帮助,我们苏菲派穆斯林在表达特别的感激时有我们自己的方式,现在我想以这种方式来向你表示感谢。"他用大拇指扣住我的大拇指,看着我的眼睛,说道:"当我们生活在平静、爱与和谐之中,我们也就融为了一体。"接着,他吻了我的手。

在别人表达感激时,人们通常有两种截然不同的反应。一种是自我膨胀,相信我们比别人优越;另一种是假谦虚,否定别人的欣赏,耸耸肩说："哦，这没什么。"纳菲滋帮助我看到了，我们有别的方式来听取感激。如果我意识到我的能力是生命赋予我的，我就能够同时避免自我膨胀和假谦虚。

以色列前总理哥达·梅厄（Golda Meir）曾经责备她的一位内阁部长："不要那么谦虚，因为你没有那么伟大。"当代作家玛丽安·威廉森（Marianne Williamson）以下的一段话也提醒我不要假谦虚：

"我们最大的恐惧不是我们不够完美，

我们最大的恐惧是我们无比强大。

我们的光明，而不是我们的黑暗，让我们心存畏惧。你是上帝的孩子。你的小心翼翼帮不了这个世界。

缩小自己，好让周围的人在你身边不会觉得不自在，这并不明智。

我们生下来就是为了彰显内在的荣光。那不仅存在于某些人，而是存在于每一个人！

当我们让自己的光芒闪耀，无意中我们也允许了他人散发光芒。

一旦我们从自我的恐惧中解放出来，我们的存在，也会让他人得到解放。"

对感激的渴望

虽然人们在听到感激时会不太自在，但绝大多数的人渴望得到他人的肯定和感激。在一次聚会中，为了让来宾互相认识，我的一位年仅12岁的朋友建议大家一起做一个游戏。我们每个人写下一个问题，放在一个盒子里,然后,轮流取出一个问题并大声作答。

在参加聚会前,我为一些社会工作者和公司职员提供了咨询服务,他们对感激的渴望深深触动了我。我常常听到这样的话:"不管你多努力工作,你都不会听到一句好话;但只要你犯了一点小错误,马上就会有人指责你。"于是,在聚会中,我写下了以下的问题:"别人对你做的什么事表达感激,你会欣喜若狂?"

有位女士抽到了这个问题,读完之后,她哭了起来。这位女士负责管理一个妇女救助中心,这个机构为处于困境之中的妇女提供帮助。每个月,她都要精心制订工作计划,以使尽可能多的人得到帮助。然而,在每一次提出工作计划时,她都会听到一些抱怨。她投入这么多精力制定工作计划,但她想不起来,有任何人肯定过她的努力。一看到我的问题,她就想起了这件事,对感激的渴望让她流下了眼泪。

听了这位女士的故事之后,我的另一位朋友说他也想回答这个问题。接着,其他所有的人也表示愿意回答这个问题。在他们依次回答这个问题时,有几个人感动得哭了。

对感激的渴望不仅存在于工作场合,而且也存在于家庭中。有一天晚上,当我向我的儿子布莱特指出他没做好家务活时,他反驳说:"爸,你想想,你是不是倾向于指出问题,而很少肯定我?"他的话在我脑海中盘绕了许久。我发现我总是想做得更好,却很少肯定已有的成绩。我刚刚结束一个有100多人参加的研讨班,除了一个人,其他人都高度评价这次的研讨班。然而,我牢记的却是那个人的不满。

那天晚上,我意识到,在回顾个人经历时,我往往想到的是我做得不太好的2%,而不是做得不错的98%。我还想起了一位老师的教育方式。她的一位学生,因为没有做好考试准备,在一次考试中,写上名字交了白卷。当卷子发下来时，学生很惊讶，他发现他得了 14 分（满分 100）。于是，他就去问老师："我怎么会有 14 分呢？"她回答说："整洁。"这次，布莱特又提醒了我，从那以后，我就更加留意生活中积极的一面，并表达我的感激之情。

充分表达感激

约翰·鲍威尔（John Powell）在他的《爱的秘密》一书中讲到，对于没有在父亲活着的时候表达自己的感激，他十分伤心。这激起了我的强烈共鸣。如果无法向那些对我们的一生有极为重要影响的人表达感激，我们会感到多么悲哀啊！

当时，我立即想起了我的舅舅朱利叶斯·福克斯（Julius Fox）。在我小时候，他每日都来照顾我外祖母，那时，她已完全瘫痪。他在照顾我外祖母时，总是面带微笑，充满柔情。有些事情，在一个孩子看来，是很烦琐的；但对舅舅来说，照顾我外祖母仿佛是他求之不得的事情。舅舅向我展示了什么是真正的男子气——从那以后，舅舅的榜样就一直激励着我。

这时，我意识到了我还从未向舅舅表达过我的感激。当时，他病得很重，濒临死亡。我想和他说出心里话，却又有些犹豫。"我相信，他已经知道他对我有多重要；如果我说出来，也许他会感到尴尬。"当这个想法出现在我头脑中时，我就已经知道，它并不完全符合事实。我常常假定人们已经知道我的情意，然而，这是想当然。此外，即使人们在听到感激时会感到尴尬，他们也会想听到明确的表达。

想到这里，我还是有些犹豫，我担心语言无法表达出我心底深处的感受。我很快就克服了我的犹豫，虽然语言确实有其局限性，但我相信："一件值得做的事情即使做得不怎么样也是值得的！"

在不久以后的一次家庭聚会中，我坐到了舅舅旁边，感激的话语从我心底涌了出来。舅舅很开心，没有丝毫尴尬。那天晚上，我很激动，回家后还写了首诗寄给他。舅舅在三周后去世了。我后来得知，舅舅每天都请人读那首诗给他听。

小　结

在赞扬他人时，我们很少揭示内心活动，而把自己放在了裁判的位置。赞扬也常常被人用来实现个人目的。非暴力沟通鼓励我们充分表达感激。在表达感激时，我们说出：（1）对我们有益的行为；（2）我们的哪些需要得到了满足；（3）我们的需要得到满足后，我们是什么样的心情。

当别人以这样的方式表达对我们的感激时，我们可以与对方一起庆祝生命的美——既不自大，也不假谦虚。

后记

我曾经问舅舅为什么他能那么体贴人。他很高兴听到这个问题，想了想，然后回答说："因为我有很好的老师。"于是，我就问，"你的老师是些什么人呢？"他接着说："你外祖母就是我最好的老师。你和她生活在一起时，她已经病得很重了，所以你不太了解她过去的生活。不知道你母亲是否告诉过你，在大萧条时期，有个裁缝师傅失去了工作和房子，你外祖母请他一家四口搬过来和她一起住了三年？"我知道这个事情。当母亲第一次提起时，我十分惊讶，因为外祖母家的房子很小，她有九个孩子，我无法想象她怎么安置裁缝一家！

朱利叶斯舅舅又提到了其他几件事情。我告诉他，我在小时侯就听过这些故事了。接着，他问我："那你妈妈和你说过耶稣的故事吗？"

"谁？"

"耶稣。"

"没有，她没和我提起过。"

这个故事是舅舅在死前给我留下的珍贵礼物。有一天，有个人来到外祖母家的后门讨要食物。这是很平常的事情。虽然外祖母很穷，但邻居们都知道，她会给每个乞讨的人食物。这位先生蓄着胡须，头发杂乱蓬松，衣裳破旧，脖子上用绳子挂着一个小树枝编成的十字架。外祖母请他到厨房吃东西，在他吃饭的时候，她询问他的名字。

"我名叫耶稣。"他回答说。

"你姓什么呢?"

"我是主耶稣。"(外祖母的英语并不太好。我的另一位舅舅伊西多尔后来告诉我,在他走进厨房的时候,外祖母对他说"这是主先生"。)

接着,外祖母又问他住在哪里。

"我没有家。"

"哦,那你今晚准备住在哪里?天很冷。"

"我不知道。"

"那你愿意住在这里吗?"

他住了七年。

外祖母的话语总是那样地亲切。她并没有去想这位先生的过去。如果她那样做,也许她会认为他是个疯子并赶他走。恰恰相反,她想到的是人们的感受和需要。如果他们饥饿,就给他们食物;如果他们没有住处,就给他们提供睡觉的地方。

外祖母生来就是一个非暴力语言的使用者。她喜欢跳舞,我妈妈记得她常说:"如果你还会跳舞,你就不要行走。"所以,我用一首怀念外祖母的歌来作为本书的结尾。

有一天,一位名叫耶稣的人,
来到外祖母家的门前。
他要一点食物,
她给了他许多。

他说他是主耶稣;
她没有找罗马核实。
他住了七年,
就像许多没有家的流浪汉。

她用她犹太人的方式,
告诉我耶稣的教诲。

用这种可贵的方式,
告诉我耶稣的教诲。
那是:"给饥饿的人食物,给患病的人医药,
然后注意休息。
当你还能跳舞的时候,不要行走,
让你的家成为充满爱的地方。"

她用她犹太人的方式,
告诉我耶稣的教诲。
用这种可贵的方式,
告诉我耶稣的教诲。

附录：非暴力沟通模式

1. 诚实地表达自己，而不批评、指责

（1）观察

我所观察（看、听、回忆、想）到的有助于（或无助于）我的福祉的具体行为：

"当我（看、听、想到我看到的/听到的）……"

（2）感受

对于这些行为，我有什么样的感受（情感而非思想）：

"我感到……"

（3）需要

什么样的需要或价值（而非偏好或某种具体的行为）导致我那样的感受：

"因为我需要/看重……"

（4）请求

清楚地请求（而非命令）那些能丰富我生命的具体行为，

"你是否愿意……?"

2. 关切地倾听他人，而不解读为批评或指责

（1）观察

你所观察（看、听、回忆、想）到的有助于（或无助于）你的福祉的具体行为：

"当你（看、听、想到你看到的/听到的）……"

（2）感受

对于这些行为，你有什么样的感受（是情感而非思想）：

"你感到……吗?"

（3）需要

什么样的需要或价值（而非偏好或某种具体的行为）导致你那样的感受：

"因为你需要/看重……"

（4）请求

关切地倾听那些能丰富你生命的具体请求，而不解读为命令：

"所以，你想……"

编后记

藉由这本书,依稀间遥望到梦寐以求的美丽新世界。

并且知道,生活永远等待人们以一己之身去领略生命的美和神奇。

以书为缘,因缘际会。

感谢阮胤华先生颇费良苦用心的翻译。

感谢12位小朋友绚烂本真的画作。

感谢胡春秀女士、彭艺先生的大力支持,他们是画插图的小朋友的指导老师。

感谢亲爱的读者朋友与我们一同分享《非暴力沟通》。

每时每刻,生活和爱的艺术就在我们的心中、脚下,让我们一道去实现!

编者

2008年12月21日

图书在版编目(CIP)数据

非暴力沟通 /（美）马歇尔·卢森堡(Marshall B. Rosenberg) 著；阮胤华 译. -- 北京：华夏出版社，2018.8（2025.9 重印）

书名原文：Nonviolent Communication

ISBN 978-7-5080-9522-6

Ⅰ.①非… Ⅱ.①马… ②阮… Ⅲ.①心理交往—通俗读物 Ⅳ.①C912.11-49

中国版本图书馆 CIP 数据核字（2018）第 154290 号

Nonviolent Communication:A Language of Life 2nd Edition(1-892005-03-4)
Copyright © 2003 by Marshall B.Rosenberg, Published by Puddle Dancer Press.
All rights reserved.Used with permission.
For further information about Nonviolent
Communication^{tm}please visit the Center for Nonviolent
Communication on the Web at:www.cnvc.org.
Published through arrangements made by Michel CLAEYS BOUUAERT,
Copyright agent.

版权所有，翻印必究。

北京市版权局著作权合同登记号：图字 01-2008-1806 号

非 暴 力 沟 通

著　者	［美］马歇尔·卢森堡
译　者	阮胤华
责任编辑	朱　悦
责任印制	刘　洋
出版发行	华夏出版社有限公司
经　销	新华书店
印　刷	三河市少明印务有限公司
装　订	三河市少明印务有限公司
版　次	2018 年 8 月北京第 1 版　　2025 年 9 月北京第 30 次印刷
开　本	710×1000　1/16 开
印　张	13
字　数	150 千字
定　价	49.00 元

华夏出版社有限公司　地址：北京市东直门外香河园北里 4 号　邮编：100028
网址：www.hxph.com.cn　电话：（010）64663331（转）
若发现本版图书有印装质量问题，请与我社营销中心联系调换。

有关非暴力沟通的更多信息，请联系非暴力沟通中心，地址如下

Center for Nonviolent Communication（CNVC）

PO Box 6384

Albuquerque, NM 87197 USA

Website: www.cnvc.org

Email: cnvc@CNVC.org

USA Headquarters Phone: 1–505–244–4041